디어 두원출판미디어 두원출판미디어 두원출판미디어 두원출판미디어 두원출판미디어 두원
출판미디어 두원출판미디어 두원출판미디어 두원출판미디어 두원출판미두원출판미두원출판
미디어디어디어 두원출판미디어 두원출판미디어 두원출판미디어 두원출판미디어 두원출판
미디어 두원출판미디어 두원출판미디어 두원출판미디어 두원출판미디어 두원출판미디어 두
원출판미디어 두원출판미디어 두원출판미디어 두원출판미디어 두원출판미디어 두원출판미
디어 두원출판미디어 두원출판미디어 두원출판미디어 두원출판미디어 두원출두원출판미디
어 두원출판미디어 두원출판미디어 두원출판미두원출판미두원출판미디어디어디어 두원출판
미디어 두원출판미디어 두원출판미디어 두원출판미디어 두원출판미디어 두원출판미디어 두
어 두원출판미디어 두원출판미디어 두원출판미디어 두원출판미디어 두원출판미디어 두원출
판미디어 두원출판미디어 두원출판미디어 두원출판미디어 두원출판미디어   판미디어 두원
출판미디어 두원출판미디어 두원출판미디어 두원출판미디어 두원출판미두원출판미두원출판
미디어디어디어 두원출판미디어 두원출판미디어 두원출판미디어 두원출판미디어 두원출판
미디어 두원출판미디어 두원출판미디어 두원출판미디어 두원출판미디어 두원출판미디어 두
원출판미디어 두원출판미디어 두원출판미디어 두원출판미디어 두원출판미디어 두원출판미
디어 두원출판미디어 두원출판미디어 두원출판미디어 두원출판미디어 두원출판미디어 두원
출판미디어 두원출판미디어 두원출판미디어 두원출판미디어 두원출판미두원출판미두원출판
미디어디어디어 두원출판미디어 두원출판미디어 두원출판미디어 두원출판미디어 두원출판
미디어 두원출판미디어 두원출판미디어 두원출판미디어 두원출판미디어 두원출판미디어 두
원출판미디어 두원출판미디어 두원출판미디어 두원출판미디어 두원출판미디어 두원출판미
디어 두원출판미디어 두원출판미디어 두원출판미디어 두원출판미디어 두원출판미디어 두원
출판미디어 두원출판미디어 두원출판미디어 두원출판미디어 두원출판미두원출판미두원출판
미디어디어디어 두원출판미디어 두원출판미디어 두원출판미디어 두원출판미디어 두원출판
미디어 두원출판미디어 두원출판미디어 두원출판미디어 두원출판미디어 두원출판미디어 두
원출판미디어 두원출판미디어 두원출판미디어 두원출판미디어 두원출판미디어 두원출판미
디어 두원출판미디어 두원출판미디어 두원출판미디어 두원출판미디어 두원출두원출판미디
어 두원 두원출판미디어 두원출판미디어 두원출판미디어 두원출판미두원출판미두원출판미
디어디어디어 두원출판미디어 두원출판미디어 두원출판미디어 두원출판미디어 두원출판미
디어 두원출판미디어 두원출판미디어 두원출판미디어 두원출판미디어 두원출판미디어 두원
출판미디어 두원출판미디어 두원출판미디어 두원출판미디어 두원출판미디어 두원출판미디
어 두원출판미디어 두원출판미디어 두원출판미디어 두원출판미디어 두원출두원출판미디어
두원출판미디어 두원출판미디어 두원출판미두원출판미두원출판미디어디어디어 두원출판미
디어 두원출판미디어 두원출판미디어 두원출판미디어 두원출판미디어 두원출판미디어 두원
출판미디어 두원출판미디어 두원출판미디어 두원출판미디어 두원출판미디어 두원출판미디
어 두원출판미디어 두원출판미디어 두원출판미디어 두원출판미디어 두원출판미디어 두원출
판미디어 두원출판미디어 두원출판미디어 두원출판미디어 두원출판미디어   판미디어 두원
출판미디어 두원출판미디어 두원출판미디어 두원출판미디어 두원출판미두원출판미두원출판

미디어디어디어 두원출판미두원출판미두원출판미디어디어디어 두원출판미두원출판미두원출판미디어디어디어 두원출판미디어 두원출두원출판미디어 두원출판미디어 두원출판미디어 두원출판미두원출판미두원출판미디어디어디어 두원출판미디어 두원출판미디어 두원출판미디어 두원출판미디어 두원출판미디어 두원출판미디어 두어 두원출판미디어 두원출판미디어 두원출판미디어 두원출판미디어 두원출판미디어 두원출판미디어 두원출판미디어 두원출판미디어 두원출판미디어 두원출판미디어   판미디어 두원출판미디어 두원출판미디어 두원출판미디어 두원출판미디어 두원출판미두원출판미두원출판미디어디어디어 두원출판미두원출판미두원출판미디어디어디어 두원출판미디어 두원출두원출판미디어 두원 두원출판미디어 두원출판미디어 두원출판미디어 두원출판미두원출판미두원출판미디어디어디어 두원출판미디어 두원출판미디어 두원출판미디어 두원출판미디어 두원출판미디어 두원출판미디어 두원출판미디어 두원출판미디어 두원출판미디어 두원출판미디어 두원

출판미디어 두원출판미디어 두원출판미디어 두원출판미디어 두원출판미디어 두원출판미디
어 두원출판미디어 두원출판미디어 두원출판미디어 두원출판미디어 두원출두원출판미디어
두원출판미디어 두원출판미디어 두원출판미두원출판미두원출판미디어디어디어 두원출판미
디어 두원출판미디어 두원출판미디어 두원출판미디어 두원출판미디어 두원출판미디어 두원
출판미디어 두원출판미디어 두원출판미디어 두원출판미디어 두원출판미디어 두원출판미디
어 두원출판미디어 두원출판미디어 두원출판미디어 두원출판미디어 두원출판미디어 두원출
판미디어 두원출판미디어 두원출판미디어 두원출판미디어 두원출판미디어　　판미디어 두원
출판미디어 두원출판미디어 두원출판미디어 두원출판미디어 두원출판미두원출판미두원출판
미디어디어디어 두원출판미디어 두원출판미디어 두원출판미디어 두원출판미디어 두원출판
미디어 두원출판미디어 두원출판미디어 두원출판미디어 두원출판미디어 두원출판미디어 두
원출판미디어 두원출판미디어 두원출판미디어 두원출판미디어 두원출판미디어 두원출판미
디어 두원출판미디어 두원출판미디어 두원출판미디어 두원출판미디어 두원출판미디어 두원
출판미디어 두원출판미디어 두원출판미디어 두원출판미디어 두원출판미두원출판미두원출판
미디어디어디어 두원출판미디어 두원출판미디어 두원출판미디어 두원출판미디어 두원출판
미디어 두원출판미디어 두원출판미디어 두원출판미디어 두원출판미디어 두원출판미디어 두
원출판미디어 두원출판미디어 두원출판미디어 두원출판미디어 두원출판미디어 두원출판미
디어 두원출판미디어 두원출판미디어 두원출판미디어 두원출판미디어 두원출판미디어 두원
출판미디어 두원출판미디어 두원출판미디어 두원출판미디어 두원출판미두원출판미두원출판
미디어디어디어 두원출판미디어 두원출판미디어 두원출판미디어 두원출판미디어 두원출판
미디어 두원출판미디어 두원출판미디어 두원출판미디어 두원출판미디어 두원출판미디어 두
원출판미디어 두원출판미디어 두원출판미디어 두원출판미디어 두원출판미디어 두원출판미
디어 두원출판미디어 두원출판미디어 두원출판미디어 두원출판미디어 두원출두원출판미디
어 두원출판미디어 두원출판미디어 두원출판미두원출판미두원출판미디어디어디어 두원출판
미디어 두원출판미디어 두원출판미디어 두원출판미디어 두원출판미디어 두원출판미디어 두
어 두원출판미디어 두원출판미디어 두원출판미디어 두원출판미디어 두원출판미디어 두원출
판미디어 두원출판미디어 두원출판미디어 두원출판미디어 두원출판미디어　　판미디어 두원
출판미디어 두원출판미디어 두원출판미디어 두원출판미디어 두원출판미두원출판미두원출판
미디어디어디어 두원출판미디어 두원출판미디어 두원출판미디어 두원출판미디어 두원출판
미디어 두원출판미디어 두원출판미디어 두원출판미디어 두원출판미디어 두원출판미디어 두
원출판미디어 두원출판미디어 두원출판미디어 두원출판미디어 두원출판미디어 두원출판미
디어 두원출판미디어 두원출판미디어 두원출판미디어 두원출판미디어 두원출판미디어 두원
출판미디어 두원출판미디어 두원출판미디어 두원출판미디어 두원출판미두원출판미두원출판
미디어디어디어 두원출판미디어 두원출판미디어 두원출판미디어 두원출판미디어 두원출판
미디어 두원출판미디어 두원출판미디어 두원출판미디어 두원출판미디어 두원출판미디어 두
원출판미디어 두원출판미디어 두원출판미디어 두원출판미디어 두원출판미디어 두원출판미
디어 두원출판미디어 두원출판미디어 두원출판미디어 두원출판미디어 두원출판미디어 두원

출판미디어 두원출판미디어 두원출판미디어 두원출판미디어 두원출판미두원출판미두원출판
미디어디어디어 두원출판미디어 두원출판미디어 두원출판미디어 두원출판미디어 두원출판
미디어 두원출판미디어 두원출판미디어 두원출판미디어 두원출판미디어 두원출판미디어 두
원출판미디어 두원출판미디어 두원출판미디어 두원출판미디어 두원출판미디어 두원출판미
디어 두원출판미디어 두원출판미디어 두원출판미디어 두원출판미디어 두원출두원출판미디
어 두원 두원출판미디어 두원출판미디어 두원출판미디어 두원출판미두원출판미두원출판미
디어디어디어 두원출판미디어 두원출판미디어 두원출판미디어 두원출판미디어 두원출판미
디어 두원출판미디어 두원출판미디어 두원출판미디어 두원출판미디어 두원출판미디어 두원
출판미디어 두원출판미디어 두원출판미디어 두원출판미디어 두원출판미디어 두원출판미디
어 두원출판미디어 두원출판미디어 두원출판미디어 두원출판미디어 두원출두원출판미디어
두원출판미디어 두원출판미디어 두원출판미두원출판미두원출판미디어디어디어 두원출판미
디어 두원출판미디어 두원출판미디어 두원출판미디어 두원출판미디어 두원출판미디어 두원
출판미디어 두원출판미디어 두원출판미디어 두원출판미디어 두원출판미디어 두원출판미디
어 두원출판미디어 두원출판미디어 두원출판미디어 두원출판미디어 두원출판미디어 두원출
판미디어 두원출판미디어 두원출판미디어 두원출판미디어 두원출판미디어   판미디어 두원
출판미디어 두원출판미디어 두원출판미디어 두원출판미디어 두원출판미두원출판미두원출판
미디어디어디어 두원출판미디어 두원출판미디어 두원출판미디어 두원출판미디어 두원출판
미디어 두원출판미디어 두원출판미디어 두원출판미디어 두원출판미디어 두원출판미디어 두
원출판미디어 두원출판미디어 두원출판미디어 두원출판미디어 두원출판미디어 두원출판미
디어 두원출판미디어 두원출판미디어 두원출판미디어 두원출판미디어 두원출판미디어 두원
출판미디어 두원출판미디어 두원출판미디어 두원출판미디어 두원출판미두원출판미두원출판
미디어디어디어 두원출판미디어 두원출판미디어 두원출판미디어 두원출판미디어 두원출판
미디어 두원출판미디어 두원출판미디어 두원출판미디어 두원출판미디어 두원출판미디어 두
원출판미디어 두원출판미디어 두원출판미디어 두원출판미디어 두원출판미디어 두원출판미
디어 두원출판미디어 두원출판미디어 두원출판미디어 두원출판미디어 두원출판미디어 두원
출판미디어 두원출판미디어 두원출판미디어 두원출판미디어 두원출판미두원출판미두원출판
미디어디어디어 두원출판미디어 두원출판미디어 두원출판미디어 두원출판미디어 두원출판
미디어 두원출판미디어 두원출판미디어 두원출판미디어 두원출판미디어 두원출판미디어 두
원출판미디어 두원출판미디어 두원출판미디어 두원출판미디어 두원출판미디어 두원출판미
디어 두원출판미디어 두원출판미디어 두원출판미디어 두원출판미디어 두원출두원출판미디
어 두원출판미디어 두원출판미디어 두원출판미두원출판미두원출판미디어디어디어 두원출판
미디어 두원출판미디어 두원출판미디어 두원출판미디어 두원출판미디어 두원출판미디어 두
어 두원출판미디어 두원출판미디어 두원출판미디어 두원출판미디어 두원출판미디어 두원출
판미디어 두원출판미디어 두원출판미디어 두원출판미디어 두원출판미디어   판미디어 두원
출판미디어 두원출판미디어 두원출판미디어 두원출판미디어 두원출판미두원출판미두원출판
미디어디어디어 두원출판미디어 두원출판미디어 두원출판미디어 두원출판미디어 두원출판

미디어 두원출판미두원출판미두원출판미디어디어디어 두원출판미두원출판미두원출판미디어디어디어 두원출판미디어 두원출두원출판미디어 두원 두원출판미디어 두원출판미디어 두원출판미디어 두원출판미두원출판미두원출판미디어디어디어 두원출판미디어 두원출판미디어 두원출판미디어 두원출판미디어 두원출판미디어 두원출판미디어 두원출판미디어 두원출판미디어 두원출판미디어 두원출판미디어 두원출판미디어 두원출판미디어 두원출판미디어 두원출판미디어 두원출판미디어 두원출판미디어 두원출판미디어 두원출판미디어 두원출두원출판미디어 두원출판미디어 두원출판미디어 두원출판미두원출판미두원출판미디어디어디어 두원출판미디어 두원출판미디어 두원출판미디어 두원출판미디어 두원출판미디어 두원출판미디어 두원출판미디어 두원출판미디어 두원출판미디어 두원출판미디어 두원출판미디어 두원출판미디어 두원출판미디어 두원출판미디어 두원출판미디어 두원출판미디어 두원출판미디어 두원출판미디어 두원출   판미디어 두원출판미디어 두원출판미디어 두원출판미디어 두원출판미디어 두원출판미두원출판미두원출판미디어디어디어 두원출판미디어 두원출판미디어 두원출판미디어 두원출판미디어 두원출판미디어 두원출판미디어 두원출판미디어 두원출판미디어 두원출판미디어 두원출판미디어 두원출판미디어 두원출판미디어 두원출판미디어 두원출판미디어 두원출판미디어 두원출판미디어 두원출판미디어 두원출판미두원출판미두원출판미디어디어디어 두원출판미디어 두원출판미디어 두원출판미디어 두원출판미디어 두원출판미디어 두원출판미디어 두원출판미디어 두원출판미디어 두원출판미디어 두원출판미디어 두원출판미디어 두원출판미디어 두원출판미디어 두

한명호의 댄스아카데미

sports dance

자이브(jive)-2

한명호 엮음

📖 도서출판 두원출판미디어

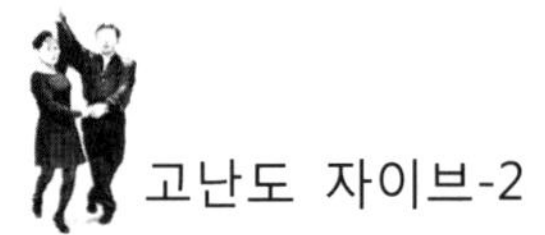

고난도 자이브-2

책을 펴내면서

음악을 들으면서 리듬에 맞춰 몸을 흔들면서 율동을 하는 행위를 우리는 흔히 춤을 춘다고 한다. 물론 음악이 없어도 손뼉을 친다든가, 두드림으로 타악기와 같은 역할을 행하면서 나름 흥을 돋기도 한다.

시대가 변천하면서 춤의 역사는 각 민족마다 고유의 형태로 발전이 되어 가는데 점점 대중화 되면서 많은 종류가 나타나고 또 사라지기도 한다.
그중 스포츠댄스로 각광을 받으며 볼룸댄스가 라틴과 모던으로 각 5종목씩 10종목이 체계화 되면서 정식 경기 종목으로 두각을 나타낸다.
전 세계적으로 기틀을 다지고, 공용화되어 가고 있다.
많은 동호인들의 사랑과 보살핌으로 더욱 발전하여가는 댄스.
특히 라틴 종목들은 그 율동의 격렬함이 더욱 매력적이어서 흥미를 끈다.
그 중에서 가장 보편적인 것이 자이브인데, 스윙을 체계화하여 이론과 실기에 있어 틀을 마련함으로 인해 더욱 보편화되어가고 있다.
현재 국내에서의 자이브 교육방식은 지나치게 순서와 율동에 집착하는 경향이 강해 일반인들이 접하기에 어려움을 더하고 있다. 피겨의 종수가 적을 때는 크게 불편함이 없었는데 이제는 그 수가 늘어나면서 많은 부작용이 나타난다. 좀 더 편안하게 할 수 있는 방법을 개발해 남녀노소 누구나 다 즐길 수 있도록 모두가 노력해야 할 것이다.
자이브의 루틴 형태도 아기자기한 다양한 피겨를 소개해 지르박 식으로 즐길 수 있도록 해야 할 것이다. 앞으로 이와 같은 다양한, 쉬운, 재미있는 루틴들을 소개 할 것입니다.

여기에 소개하는 피겨들은 고난도의 바이레이션들 인데 그동안 부족했던 부분을 충분히 해소하리라 생각합니다.
번호와 순서, 피겨의 종류에 집착하는 고리타분 보다는, 기본적인 피겨의 다양함과 정확한 구사를 통해 누구나 즐길 수 있는 보편타당성의 댄스가 되었으면 합니다.

끝으로 항상 많은 면에서 도움과 지도를 해주시고 출연하여 주신 이민수 선생님과 이계향 선생님께 무한한 감사를 드립니다.

2017.06.10.

엮은이 한명호 올림.

1)Swivel:회전 고리로 돌(리)다; 회전 고리를 달다(로 버티다, 로 멈추다); 선회하다(시키다).
2)Mooch : 배회하다. 살금살금 거닐다

39. Circling Chasse : Flicks : Swivels and Break.

서클링 샤세: 플릭: 스위블: 앤 브레이크

1,2 3&4 1,2 3&4 3&4 3&4 3&4 1,2,3,4 1,2,3,4 1,2,3 a 4 3&4 3&4

40. Fallaway Zig Zag- 폴어웨이 지그재그 ------ 1,2,3,4

41. Back to Kick – 백 투 킥

1,2 3&4 3&4 1,2,3,4,5,6,7,8 3&4 3&4

42. Reef knot – 리프 나트(노트)

<u>1,2,3,4(여성1,2 3&4)3&4</u> 1a2 3&4 1a2 3&4 1a2 <u>3,4 3&4(여성3&4 3&4)</u>

43. Stalk Walk in p.p & Cpp and Swivel Merengue Walk With Ladys Spin to Right – 스토크 워크 피피 앤 시피피 앤 스위블 메렝게 워크 위드 레디스 스핀.

1,2 1234 1a2 12 1234 12 1234 1234

44. Circle Walks and Stomp – 서클 웍스 앤 스톰프

1,2 3a4 1234 3a4 1,2 1234

45. Spanish Hops – 스패니쉬 홉.

1,2 3a4 3a4 1a 2a 3a 4 1a2 3a4 1,2 3a4 1,2 3a4

46. Swivel : Fallaway Kicks and Drop points to Merengue Walks –

스위블 폴 어웨이 킥스 앤 드롭 포인트 투 메렝게 워크스

1,2 1,2 12345678 1234 1234 3a4 3a4

47. Hook Turn and Swivels Break – 훅 턴 앤 스위블 브레이크

12 a1 a2 34 5 a6 a7 8 12 3a4 56 7a8

48. Shadow and chasses to L&R Chaleston Flicks : Forward Chasse Syncopated Merengue Walks : Lunge Ladys jete –

섀도우 앤 샤세 투 레프트 투 레프트 앤 라이트 찰스톤 플릭스 :

포워드 샤세 신코페이티드 메렝게 워크 런지

12 34(여성3a4) 3a4 3a4 <u>a1 a2</u> 3a4 12a34 12a34

12 3a4(여성1a2a 3a4)　　▲ 12가능

49. Jive Walks, C.P.P & P P. Fallaway ,

Throwaway and Chicken Walks (Like a cortajaca).

자이브 워크, 시피피 앤 피피 폴어웨이

드로우어웨이 앤 치킨 워크(코르타자카)

12 3a4 3a4 12 3a4 3a4 12 3a4 3a4

12 3a4 12 3a4 123a4 3a4 s s 3a4 3a4 1234 3a4 3a4

50. Fallaway rock with spin for lady into-R Shadow walks solo turn,

The Backward walks, The crossing swivels, Flick ball change chasse Forward,

Madison kick and syncopated fallaway throwaway

폴어웨이 록 위드 스핀 포 래디 인투-라이트 새도우 워크 솔로턴,

백 워드 워크, 더 크로씽 스위블, 플릭 볼 체인지 샤세 포워드,

메디슨 킥 앤 신코페이티드 폴 어웨이 드로우 어웨이

12 3a4 3a4 12 3a4 3a4 1234 3a4 3a4

1234　 12345678 1a2 3a4 12 3a4 3a4

51. Arms linking : Miami special :The Drunken Sailor : The Scissors

암스 린킹 : 마이에미 스페샬 : 더 드렁큰 세일러 : 더 사이소스

12 3a4 3a4 12 3a4 12 3a4 12 3a4 12 3a4 3a4

1a2 3a4 1a2 3a4 1234 12 S S

52. Overturn Change Of Place To Right, Flick Ball Change, Lindy Hops
Spanish Arms Variation, Change of Place L to R Double Change
Behind Back, Springs, Break and Spin

오버톤 체인지 오브 플레이스 투 라이트 플릭 볼 체인지, 린디 홉스 스패니쉬

암스 바리에이션, 체인지 오브 플레이스 레프트 투 라이트 더블 체인지 비하인

드 백, 스프링 브레이크 앤 스핀

12 3a4 3a4 1a2 a1 a2 34 1a2 3a4 12 3a4 3a4 12 3a4 3a4

12 3a4 12 3a4 1234 1234 a4   12 3a4 3a4

53. Slow Chiken Walk, Flick Crosses and Taps
    슬로우 치킨 워크, 플릭 크로스 앤 탭
    12 3a4 3a4, S S QQQQ, 3a4 3a4
    12 3a4 3a4, 12, 12 34
    56 78 12 34 56 78

54. Rolling off the Arm : Rotary Zigzag in Shadow Position : Double
     Reverse Throwaway Hesitation, cross Forward : Link, Over Turned
     Whip throwaway : Flick ball change : Drag Flicks : Type of Chicken
     Walk and Spin ending
     롤링 오프 디 암 로타리 지그재그 인 섀도우 포지션 더블 리버스 드로우 어웨
     이 헤지테이션 크로스 포워드 링크 오버턴드 윕 드로우어웨이 플릭 볼 체인지
     드래그 플릭타입 오브 치킨 워크 앤 스핀 앤딩
     12 3a4 12 3a4 12 3a4 1234 1234 3a4, 1234(여성 3a4) 12 3a4 3a4
     3a4 12 3a4 12 3a4 1a2 3a4 1234 a1 a2 a3 a4 12 SSQQ 3a4 12 3a4

55. Syncopated Break from Fallaway
    신코페이티드 브레이크 프롬 폴어웨이
    12 34 1a2

56. The Tunnel
    더 턴넬
    12 3a4 3a4 12 3a4 12 3a4

57. Overturned Change of Place LtoR : NewYork Movement : Spin, Hops & Flick
    Link.
    오버턴 체인지 오브 플레이스 레프트 투 라이트 : 뉴욕 무브먼트 : 스핀,
    홉, 플릭 링크
    12 3a4 3a4 1234 a1 a2a a3 a4 a1 a2 a3 a4 a1 a2 a3 4

58. Change of hands beahind the back into left side-by-side Position,

Two Flick ball change step, Side Chasse to double Crossed hold
and Arms over head movements.
체인지 오브 핸드 비하인드 더 백 인투 레프트 사이드 바이 사이드포지션 투 플
릭 볼 체인지 스탭 사이드 샤세 투 더블 크로스 홀드 앤 암스 오버 헤드
 12 3a4 3a4 1a 2a 3a4 3a4 1234 5678 3a4

59. 1,2 of Link : Hop Tap. Hop step Movements 1-6 of Hand to Hand :
    Solo Turn and Continuous Chasse
    1-2오브 링크 : 홉탭. 홉스탭 무브먼트 1-6오브 핸드 투 핸드 :
    솔로 턴 앤 컨티뉴어스 샤세
    12 a3 a4 a5 a6 78 12345 6a7a8

60. Hop Flicks and Springs in Right Side-by-Side Position : Change of
    Place LtoR to L side-by-side Position : New York Movement to
    Solo Spin, Polka Chasse Turnning to Right
    홉 플릭 앤 스프링 인 라이트 사이드 바이 사이드 포지션 : 체인지 오브 플레
    이스 레프트 투 라이드 투 레프트 사이드 바이 사이드 포지션 : 뉴욕 무브먼트
    투 솔로 스핀, 폴카 샤세 턴닝 투 라이트
    12 QaQ QaQ QaQ QaQ QaQ
    3a4 12 3a4 3a4 1234 3a4 3a4 3a4 3a4

61. Change of Place L.to.R With Mans Foot Change –on same Foot ,
    Side-by-side Posion, Coca Rora –zigzag – Kick-Volta turn- Leg line
    -Chasse – Skips to facing Position-Change of Place L to R.
    체인지 오브 플레이스 레프트 두 라이트 위드 맨스 후트체인지 온 세임
    후트 사이드 바이 사이드 포지션 2코카로라 지그재그 –킥- 볼타턴- 렉라인- 샷-
    스킵 투 페이싱 포지션- 체인지 오브 플레이스
    레프트 투 라이트
    1234|(여성12 3a4) 1234 1234 a1 a2 34 1a2 34 3a4 a5 a6 a7 a8
    (여성 스킵 오른발 1/2회전 오른쪽으로(5a)

피겨의 구분을 위한 번호순서이니 양지바랍니다. 분리해서 순서를 매긴다면 108번도
될 것입니다. 번호와 순서에 집착하지 맙시다. 익히는 과정이 끝나면 보다 효율적인
댄스를 구사하십시오. 감사합니다.

제1장

기본적인 **자세**와

핵심 **포지션**

중요 요점

32   **아메리칸 스핀**과, **새도우포지션**에 대한 리드 타이밍과, 위치 다양한 방법의 변화를 읽어야 한다.

아메리칸 스핀도 각각의 능력에 따라 회전이 연속으로 이어지기도 한다.

여성만 회전하는 경우도 있고, 남성도 동시에 같이 여성의 회전량과 같이 하는 경우도 있다.

American Spin with Turn for Man To Right Shadow Position
    아메리칸 스핀 (남성 좌회전, 여성 우회전)
    American Spin with Turn for Man To Right Shadow Position-
    아메리칸 스핀 (남성 좌회전, 여성 우회전)-새도우 포지션
    Shadow Position and Lady Spin To Right
    새도우 포지션에 이은 여성 우회전하기.

❶ **아메리칸 스핀**에서 남성이 5보 째 3a4에서 4"에서 여성을 리드하는 장면 이때 남성의 체중은 왼발에 있다.

❷ **새도우포지션**의 형태. 남성이 오른편에 있을 때도 있고, 왼편에 있을 때도 있다.

❸ 3)Catapult-캐터펄트 와 같은 형태가 이루어진다.

---

3) ~로 쏘다, 발사하다, 발진시키다〔하다〕

33   4)Swivel Kick and Break. (스위블 킥 & 브레이크)

Breaking Position(브레이크 동작 및 자세의 연결).
스텝의 연결에 따라 좌, 우 브레이크를 각각 분리 사용하기도 한다.

❶   ❷

❶ : 스위블 동작 좌우로 틀기도 하고, 마주보고 행하기도 하는데 볼을 사용해
동작을 행한다.

◉ 스위블 동작에 있어 방향은 좌우이지만 여기에 상하가 추가되면 율동적이
고, 아름다운 동작이 이루어진다.

❷ : 킥 동작이다. 발을 들어 구부리고 펴는 동작인데 헛발질하듯 차는 동작이
아니다. 민첩함이나 신속함을 생각하면서 행하면 되는데 무릎을 구부렸다
펴는 동작에 힘의 강약을 조절하는 것이다.

◉ **스위블 킥**이란?

스위블 동작과 킥 동작이 어우러진 동작이다. 좌우로 한차례씩 연결하면서 주로
행하는데 중간에 정면으로 행하면서 완급을 조절하면서 좌우의 동작을 이어준
다. 자연 마무리 역시 중간동작인 마주보는 위치에서 끝내고, 시작 역시 같다.

---

4)**Swivel**:회전 고리로 돌(리)다; 회전 고리를 달다〔로 버티다, 로 멈추다〕; 선회하다〔시키다〕.

Breaking Position(브레이크 동작 및 자세의 연결).

브레이크 동작은 흐름을 멈추는 행위다. 댄스에 있어 브레이크 동작은 흐름이 한 쪽으로 쏠리는 일종의 기울임이다. 자연 스웨이가 들어가기 마련이다. 그런 후에 다시 기울었던 자세를 원위치로 똑바로 추스른 후에 다시 다음 동작으로 이어간다.

❶ 여성 오른 쪽, 남성 왼쪽으로의 기울임이다. 체중이 어디에 가 있는가?
  여성은 지금 오른쪽, 남성은 왼쪽으로 체중이 실려 있다.
❷ 지금은 서로 마주 보고 기울임을 바로 잡은 과정이다.
체중은 어디에 있을까?
체중은 왼발, 오른발 어느 한 쪽으로 실려 있기 마련이다. 그에 따라 왼쪽으로 후행을 할 것인가? 오른쪽으로 후행을 할 것인가가 정해진다.
❸ 이 과정은 ❶과는 방향이 정반대다.
여성의 체중은 왼발에, 남성의 체중은 오른발에 실려있다.
여성은 왼쪽으로 이동이요, 남성은 오른쪽으로의 이동이다. 왜?
브레이크 동작이 들어갔기 때문이다. 이것이 브레이크 동작의 묘미다.
반대쪽으로 이동을 하려면 신속한 타이밍에 가벼운 움직임이 필요하다. 따라서 "a" 카운트가 많이 사용이 된다. 반대로 정상적인 동작을 하려면 "Q" 여유를 갖고 차분히 하는 동작에서는 "S"가 사용되는 것이 댄스의 원리다.

34　5)Syncopated 6)Mooch and Continuous Chasse.

싱커페이티드 무치 앤 컨티뉴어스 샤세.

싱커페이트 무치

❶　　　　　❷

◉여기에서 설명은 편하게 각 발을 들어 무릎을 올렸다가 펴는 동작으로 설명을 하자.

무치란 일종의 생략된 동작을 말한다. 완전히 없는 듯하지만 실질적으로 다 이어지고 있다. 다만 댄스에서 바닥에 발을 붙이지 않는 경우로 이해 하면 된다. 물론 심도 있게 들어가면 여러 정황이 나오지만 간략하게 생 각하자는 의미다.

여기의 사진은 사이드바이 사이드 포지션에서 무치 동작을 하는 경우다.

다른 포지션으로 행하는 경우, 또 다른 방식으로 행하는 경우도 있는데 다 무치의 일종으로 보면 된다. 예를 든다면 브레이크동작, 론데의 경우 도 마찬가지다. 넓은 의미로 본다면 체중이동 그 자체도 일종의 무치다.

---

5)　중략(中略)하다. 말의 중간 문자를〔음절을〕생략하다《never를 ne'er로 하는 따위》; 〖樂〗 당 김음으로 하다.

6)**Mooch** : 배회하다, 살금살금 거닐다

싱커:야구에서, 투수가 던진 공이 회전 없이 타자 앞에서 급히 떨어지는 변화구.

◉ 무치 동작으로 이어가는 방법.

❶ 같은 발을 사용하여 새도우 동작처럼 같이 움직이는 방법.
❷ 각자가 다른 발을 사용하여 조화를 이루는 방법.
❸ 남녀 같은 발, 다른 발을 섞어 조합하여 사용하는 경우.
❹ 중복된 동작, 또는 한 번으로, 중복하지 않고 행하는 경우.

◉ 동작을 행하기 위해서는 어떻게 할 것인가?
선행 피겨에서 가교 역할이 필요하다. 어떤 것들이 있을까?
종류는 다양하다. 각자의 선호에 따라 선택하지만 보편적으로 많이 사용
하는 경우를 보자.

⬆ 각각의 설명은 홀드 상태를 이루면서 이루어지는 과정이다.
노 홀드 상태로도 이루어지나 숙련도의 문제다.
❶ 더블 홀드에서 링크 록처럼 제일 간단하게 시작하는 경우다.
❷ 싱글 홀드 상태로 바뀌면서 이루어진다. 주로 사이드 포지션이 애용된
   다. 노 홀드 상태로의 전환도 여기서 이루어진다. 노 홀드는 새도우
   포지션 또는 폴 어웨이 포지션에서도 사용된다. 그 외 다수.

7)Continuous Chasse 　컨티뉴어스 샤세

샤세 동작을 이용하는 것인데 연속으로 할 것인가? 좌우 어느 한 쪽으로 갈 것인가? 좌우 혼합형인가? 각자의 선택에 따라 달라진다.
샤세란 일종의 사이드 체크동작이며, 작은 브레이크 동작이다.

여성은 오른쪽, 남성은 왼쪽으로의 스리스텝 트리플 즉, 샤세로 이어진다.
❶ 에서 스웨이가 들어간다.
❷ 에서 약간의 중립적인 것 같으면서 진행방향으로 연속함을 지향한다.
❸ 에서 동작의 완료를 의미하는 브레이크가 확실하게 걸린다. 다음 동작
　　으로 전환을 시도한다. 체중이 여성은 오른발, 남성은 왼발에 있어 기
　　울임을 행한 후 후행을 위한 반대쪽으로 향함을 알 수 있다.
◉ 여기에서 체중을 실은 발에 회전을 가하면, 또 다른 후행으로의 변화
　　가 다양하게 나타난다.
◉ 카운트의 변화에 의한 샤세.
리듬과 카운트의 변화를 말함이다.
다양한 변화란 템포가 바뀌면서 흐름이 격동을 일으키는 것이다.

---

7) (시간·공간적으로) 연속〔계속〕적인, 끊이지 않는, 부단한, 잇단; 〖數〗 연속의; 〖문법〗 진행형
　　의

라틴이던 모던이던 항상 변화는 "a"가 작용을 한다. "a"란 톡톡튀는 동작을 이룸인데 빠른 템포의 퀵스텝이나 라틴에서 각 종목도 엄청난 변화가 나타난다. 진정한 **컨티뉴어스 샤세**가 나타나는 것이다.

그럼 어느 정도 변화가 가능할 것인가? 다양하다. 아는 만큼 말이다.

◉ ❷,❸,❹는 위 사진의 3a4이다. 여기에 ❶의 "a"가 첨부된 것이다.

3보로 행할 수 있는 피겨를 4보로 행한 것이다. 자연 바빠진다. 3보면 가능할 것을 4보로 만든 것이다.

이것을 박자의 길이로 단순화 한다면 Q,Q- 2보로도 행할 수 있는 것이고, S-1보로도 할 수 있다.

4보로 행하던, 1보로 행하던 결국 내딛는 발은 시작과 결과가 같아진다.

왜? 댄스의 원리를 이해하면 알 수 있는 일이다. 그래서 단순히 동작이나 익히는 무조건 배부르면 된다는 개념 없는 것 보다는 영양을 분석하고 건강에는 어떤 가? 알고 드신다면 똑같은 음식이라도 갈라질 것이다.

35   "8)Cuddle Walks" and Spin.- 커들워크 앤 스핀
1, 2, 3&4 3&4 1,2, 3&4 3&4 3&4 3&4 1, 2, 3, 4

이 피겨에서는 Cuddle Walks" and Spin.- 커들워크 앤 스핀 이 핵심이
다. 각각을 분석해보자.

Cuddle Walks"-커(쿠)들 워크

이 동작, 의미는 주석란을 참고하면 될 것이다. 사진을 참조하며.

❶ Q,3   ❷ a,&   ❸ Q,4

쿠들워크의 진행과정이다. 현 상황은 각각의 발이 반대다. 같은 경우도
나올 수가 있다. 볼 체인지 과정을 통해서 말이다. 모였다 흩어졌다 하는
형상을 나타내는 경우, 같은 형상으로 진행하는 경우가 나온다.
시작과정과 마무리 과정에서 선행, 후행은 어떻게 이어지는 가? 살펴보는
것이 진일보 하는 과정이다. 이 피겨에서는 마무리를 스핀을 하는 과정으
로 설명하고 있다.

---

8) 꼭 껴안다, 부둥키다, (어린 아이 등을) 껴안고 귀여워하다

36	**Spring Point, Kicks And Swivels –** **스프링 포인트 킥 앤 스위블** 1, 2 a1 a2 1 2 3, 1 2 3 3&4 1,2 a 1, 2

선행과정에서 어떻게 자세를 취하고 하는 것인가 주의해야 한다.
킥 동작에서 스위블 동작이 가미되어야 부드럽게 이어진다. 순간적인 움직임이지만 서로 간 조화가 필요하다.

9)Spring Point, Kicks And Swivels

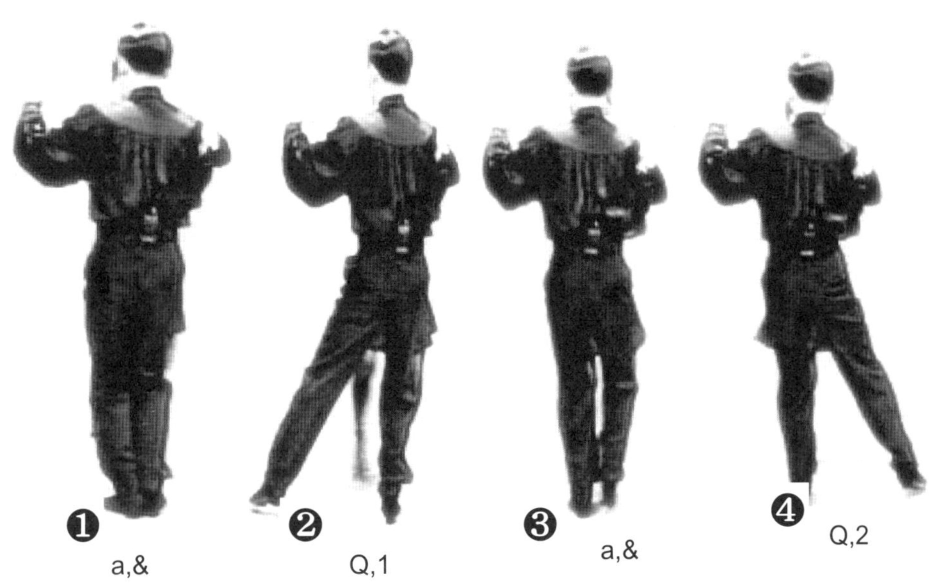

❶ a,& ❷ Q,1 ❸ a,& ❹ Q,2

❶ 은 선행 준비과정.
❷ 는 처음 진행과정.
❸ 은 중간 진행과정.
❹ 는 반대 마무리과정.
킥과 스위블의 지속적인 반복과 단순한 동작으로 구분이 된다. 구사자의 취향에 따른다. 포인트란? 가르침이다. 선착의 의미요, 무치를 내포한 지적하는 개념으로 본다.

---

9) 탄력이 있는.

<table>
<tr><td>37</td><td>"Double Hold" Walks, Flick Swivels –
더블 홀드 웍스, 플릭 스위블</td></tr>
</table>

1, 2 3&4 3&4 3&4 1, 2 3&4 3&4 3&4 1, 2 3&4 1, 2 3&4

✿ Double Hold" Walks

더블홀드 워크인데 양손을 홀드상태로 하여 진행된다. 자이브에서 워크란 1, 2, 3 스텝의 큰 의미인데 일반적인 경우는 주로 샤세를 많이 행한다. 여기에서의 설명도 마찬가지다. 샤세에 대한 분류다.

◉ 좌우 사이드 진행형의 워크.

⬆ 마주보며 행하는 샤세다. 더블홀드로 행한다. 사이드 샤세다.
시작시의 자세와 마무리시 후행으로 이어지는 자세를 잘 살펴야한다.

❸ 에서 포워드의 자세로 전환 전진이 이루어진다.
P.P와 C.P.P의 위치와 자세를 확인해야 한다. 남성을 기준 P.P 상태에서는 남성의 왼편 앞으로   C.P.P에서는 남성의 오른편으로의 진행이 이어진다. 일반적으로 전진형으로 이어진다. 반환점이 바뀌는 것이다.

◉ 전후 진행형의 워크.

전후 진행형은 백-Back, 포워드-Forward 의 2종류 뿐이다.

좌우 진행형은 사이드 포지션이고, 각각 1/8사선으로의 진행이 있지만 라
틴에서는 그리 많지 않은 편이다. 모던에서는 사용빈도가 매우 높다.

◉ 전진과 좌우의 복합형.

워크를 많이 사용하는 피겨는 전진, 좌우를 혼합하여 짝으로 구성이 되는
경우가 많다. 일반적으로 겸용이라 생각하라. 서로 간에 선행과 후행으로
이어진다.

◉ 전후 진행형 워크로 시작, 좌우 진행형 워크로 이어진다.
◉ 좌우 진행형 워크는 --> 전후 진행형으로 연결,
   전후 진행형 워크는 --> 좌우 진행형 워크로 이어진다.

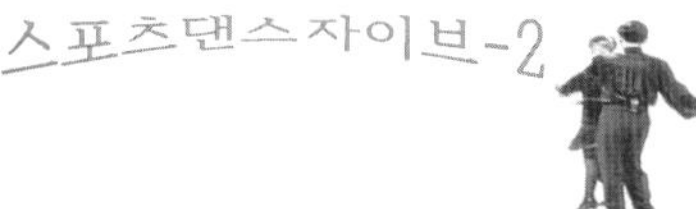

38	"One Way Street" - 원 웨이 스트리트
	1, 2 3&4 3&4 1, 2 3&4 1, 2 3&4

특히 까다로운 부분이 나타나지 않는다. 일반적인 과정으로 생각하면 된다. 여성이 한 방향 한 길로 간다고 생각하시라.

여성의 입장에서는 "편안하게 전진 후진을 한다." 생각하면 된다.

❶ ——➤ ❷ ——➤ ❸ ——➤ ❹

⬆ 더블 홀드로 시작을 한다.

남성이 여성의 오른편으로부터 여성의 뒤로 돌아 여성을 후진 시키고 그 사이 남성은 여성의 왼편 뒤쪽으로 돌아 다시 여성과 마주보며 정면을 향하면서 피겨를 끝낸다.

페이싱 포지션으로 시작해서 페이싱 포지션으로 끝난다.

홀드 상태는 더블 홀드로 시작, 오픈 페이싱 포지션으로 끝나는 것이 편하다.

39

Circling Chasse : [10]Flicks : Swivels and Break.
서클링 샤세: 플릭: 스위블: 앤 브레이크

1,2 3&4 1,2 3&4 3&4 3&4 3&4 1,2,3,4 1,2,3,4

1,2,3 a 4 3&4 3&4

◉ [11]Circling Chasse 서클링 샤세.

샤세를 행하면서 원형을 이루면서 회전하는 것이다. 스웨이가 좌우로 들어가면서 강약 조절을 하도록 한다.

❶   ❷   ❸   ❹

❶,❷ 는 서클링 샤세의 과정인데 ❶은 레프트샤세, ❷는 라이트 샤세다.
❸ 은 플릭 동작으로 스위블을 이용해 행한다. 플릭동작의 마무리는 ❹브레이크 동작을 이용한다. 각 피겨 간 연계되는 일종의 유대관계다.
어찌 보면 공식화되어 있는 것 같기도 하다.

---

10) ① (매·채찍 따위로) 찰싹〔탁〕 때리기; (손가락 끝으로) 가볍게 튀기기
-------• give a ~ 가볍게 때리다, 튀기다.
② 튀겨 날림, 튀김; 갑작스러운 움직임, 홱 움직임(jerk)
11) (마술(馬術)에서) 원형으로 돌기.

40   Fallaway Zig Zag- 폴어웨이 지그재그 ——— 1,2,3,4

라틴댄스에 있어서 지그재그는 모던 댄스와는 판이하게 차이가 난다.

댄스에 있어서 모든 피겨는 각각의 고유한 성향을 나타낸다.

지그재그역시 마찬가지다. 좌우로 틀어가며 대각선을 형성하며 이동하는 것이다.

수차례 반복을 하는 경우도 있고, 단순한 반복으로 그치는 경우도 있다.

연결에 있어서 선행으로는 윕(whip)도 가능하고, 클로즈드 더블 홀드상태에서 남성은 1보에서 왼발을 여성은 오른발을 각각 뒤로 후진하며 곧바로 지그재그에 들어간다.

물론 다른 경우도 있지만 말이다.

후행으로는 4보에서 페이싱 포지션으로 더블 홀드 상태를 이루므로 그 다음 기호도에 따라 후행피겨를 선택하면 될 것이다.

❶   Q,1   ❷   Q,2   ❸   Q,3

❹ Q,4

각각의 카운트는 **"Q"**으로 이어진다.

41 Back to Kick – 백 투 킥

1,2 3&4 3&4 1,2,3,4,5,6,7,8 3&4 3&4

◉ 진행과정을 나타낸 것이다. 카운트와는 별도다.

기본 더블홀드상태에서 남성은 우회전 하면서 시작, 여성은 좌회전 하면서 행한다. 서로가 등을 맞대고 스위블과 킥동작을 한 후 다시 홀드상태를 이룬 후 후행피겨를 행한다.

42   Reef knot – 리프 나트(노트)

배의 돛을 말아 올리고 감아 내리는 동작을 연상하면 된다.

◉ 선행과 핵심 동작.

❶ 선행−링크와 발동작은 폴 어웨이 샤세. 남성과 여성의 카운트는 후트 체인지가 사용되므로 주의가 필요하다.

❷ 남성은 여성의 오른손을 우측어깨에 걸치고 슬립 홉 동작을 한다. 여성은 남성의 왼편에 위치한다.

❸ 왼쪽 샤세 후 오른 쪽 샤세, 오른쪽 샤세 후 왼쪽 샤세.

❹ 슬립. 홉 동작을 행한다.(오른쪽 샤세를 행하면서, 왼쪽 샤세를 행하면 서)

❺ 마무리 동작 시 <u>남성은 3,4 여성은 3a4</u> 후트체인지 확인.

❶   ❷   ❸

❶, ❷ : 왼쪽 샤세를 행하면서 슬립 홉 동작을 한다.

❸ : 오른쪽 슬립홉 동작. 여성을 회전시킬 시는 왼쪽 새세를 행한 후 하고, 손은 오른손, 왼손 교체도 가능하니 후행에 따른 피겨에 따라 달라진다.

43 Stalk Walk in p.p & Cpp and Swivel Merengue Walk With Ladys Spin to Right – 스토크 워크 피피 앤 시피피 앤 스위블 메렝게 워크 위드 레디스 스핀.

1,2 1234 1a2 12 1234 12 1234 1234

여기에서는 스토크워크, 메렝게워크에 대한 설명이다.

✿ 스토크워크 – Stalk Walk

◉ 스토크 워크 인 피피Stalk Walk in p.p - ❶,❷

◉ 스토크 워크 인 피피Stalk Walk in C p.p- ❸,❹

❶   ❷   ❸   ❹

❶,❷는 Stalk Walk in p.p 인데 남성을 기준으로 왼편으로 전진하며 행하는 경우이고,Stalk Walk in C p.p는 ❸,❹이고 남성을 기준으로 남성의 오른쪽 으로 진행하는 경우다.

메렝게 워크 위드 레디스 스핀 투 라이트
Merengue Walk With Ladys Spin to Right

❶   ❷   ❸   ❹

⬆ 여성은 스위블 동작으로 진행하고, 남성은 메렝게 동작으로 진행을 이어간다. 남성역시 여성과 같이 스위블로 진행하기도 하고, 여성 역시 메렝게로 진행을 하기도 한다. 각자의 취향에 따라 선택이 이어진다.

⬆ 여성의 회전은 메렝게 전반부를 끝내고 1,2,3,4에서 연속으로 회전을 하도록 한다. 그 방법은 다양하다. 4에서 단순회전으로 마무리 하는 경우도 있다.

44 Circle Walks and Stomp – 서클 웍스 앤 스톰프
1,2 3a4 1234 3a4 1,2 1234

◉ **서클 웍, 스톰프**의 연결이다. 서클 샤세는 앞서 설명. 서클 워크는 원을 형성하며 걷는 형태인데 걷는 방법도 다양하다. 홉 슬립 워크를 사용한다. 홉 점핑워크 비슷하나 약간의 차이가 있다.

슬립의 경우는 약간 미끄러짐을 이용하면서 행하는데 점핑은 주로 볼의 회전, 탄력을 주로 이용한다. 절충하여 슬립이라 하는데 결국 상통하는 의미다.

❶ 서클링 워크의 시작이다. 선행피겨는 무엇인가? 동작은?
❷ 팔을 풀고 원상태, 다른 피겨를 이어가기 위한 동작이다.
❸ 홀드상태를 하기 위한 동작이다.
❹ 더블 홀드 상태를 이루었는데 후행은 어떤 것이 좋은가?

12)Stomp - 스톰프

- ◉ 사진은 얌전히 하는 경우를 설명하나 외일드 하게 할 경우는 한 쪽에 체중을 싣고 다른 한 쪽발을 플릭하는 식으로 하는 경우도 있다. 물론 킥동작이 동반된다.
- ◉ 앉았다, 일어섰다 하는 동작의 반복이 이루어진다. 라이즈 앤 폴이다. 서로가 방향을 반대로 틀어주면서 행한다. 양손의 리드가 방향을 달리하고, 밀고 당기는 팔도 서로가 대치되는 방향이다.
- ◉ 스위블도 이루어지고, 홉, 점핑 동작이 이루어지기도 한다.
- ◉ 마무리는 페이싱 포지션으로 끝낸다.

---

12) 발을 세게 구르는 재즈 춤(곡):《口》 발구르기(stamp).

45   Spanish Hops – 스패니쉬 홉.

1,2 3a4 3a4 1a 2a 3a 4 1a2 3a4 1,2 3a4 1,2 3a4

❶ ❷ ❸

❹ ❺ ❻

⬆시작에서 부터 끝 동작 까지 흐름을 나타낸 것이다. 더블홀드로 시작,
남성왼손–여성 오른손을 잡고 롤링, 여성 등 뒤로 크로스 더블홀드, 플릭
동작, 롤링 동작으로 마무리.

46 Swivel : Fallaway Kicks and Drop points to Merengue Walks – 스위블 폴 어웨이 킥스 앤 드롭 포인트 투 메렝게 워크스 1,2 1,2 12345678 1234 1234 3a4 3a4

피겨에 대한 부분적인 사항을 살펴보자. 각각의 피겨를 파악함에 있어 선행과, 후행은 어떻게 선택하는 것이 옳은가? 그런 관점에서 살펴보자.

◉ 폴어웨이 킥– Fallaway Kicks

⬆ 폴 어웨이 포지션에서 이루어지는 킥과, 스위블등을 말한다. 진행과정과 마무리 그리고 연결 시는 어떻게 하는 가? 를 살펴야 한다. CP, CPP 상태에서 이루어지는 손의 높이, 위치 등을 잘 살펴보자.

☞ 13)Merengue Walks,메렝게워크, 드롭포인트 Drop points

◉ 메렝게워크는 일종의 사이드 워크다. 좌우로 이동하고, 때로는 제자리에서 행하기도 하는데 움직이는 발에 체중을 얹으면서 힙의 이동이 따라가면서 피겨를 진행한다.

◉ 드롭포인트는 물방울 떨어지듯 스탭을 행한다 생각하면 될 것이다.
사진을 보면서 이해해주시기를 바랍니다.

---

13) 메렝게 《아이티 · 도미니카의 무용; 또 그 곡》 (를 추다).

◉ Merengue-메렝게워크

❶　　❷　　❸　　❹

◉ Drop points-드롭포인트

❶　　　❷　　　❸

→ 흔히 들었다 놨다 한다는 표현을 하는데 발을 동시에 양발을 옮기는 형태처럼 느껴진다.

◉ 흐름이란? 진행이다. 피겨의 연결은 흐름이다. 진행은 전진, 후진, 좌우, 상하등--- 곧은 흐름은 원을 이루고 원형의 흐름은 정지, 직선, 곧은 흐름을 연결하면 흐름이 완만 부드러워진다. 댄스피겨의 연결 기본 원리다.

47 Hook Turn and Swivels Break −훅 턴 앤 스위블 브레이크
12 a1 a2 34 5 a6 a7 8 12 3a4 56 7a8

❶　　　　❷　　　　❸　　　　❹

◉ 훅턴에 이은 스위블과 킥, 스위블로 방향을 전환하며 훅턴 자세를 하고 킥동작을 이어간다. 그리고 폴어웨이 자세로 나간다.

❶　　　　　　　❷

| 48 | Shadow and chasses to L&R Chaleston Flicks : Forward Chasse Syncopated Merengue Walks : Forward Chasse Syncopated Merengue Walks- : Lunge Ladys jete – |

샤도우 앤 샤세 투 레프트 투 레프트 앤 라이트 찰스톤 플릭스
: 포워드 샤세 신코페이티드 메렝게 워크 런지

12 34(여성3a4) 3a4 3a4 <u>a1 a2</u> 3a4 12a34 12a34
12 3a4(여성1a2a 3a4)   1,2가능

❶ Shadow and chasses – 샤도우 앤 샤세

❷ Chaleston Flicks – 찰스톤 플릭스

❸ Forward Chasse Syncopated Merengue Walks – 포워드 샤세 신코페이티드 메렝게 워크

❹ Lunge – 런지

❶ Shadow Position   ❷ Chaleston Flicks   ❸ Forward Chasse

❹ Lunge – 런지

49

Jive Walks, C.P.P & P P. Fallaway ,
Throwaway and Chicken Walks (Like a cortajaca).
자이브 워크, 시피피 앤 피피 폴어웨이
드로우어웨이 앤 치킨 워크(코르타자카)
12 3a4 3a4 12 3a4 3a4 12 3a4 3a4
12 3a4 12 3a4 123a4 3a4 s s 3a4 3a4 1234 3a4 3a4

꼭 자이브 만이 아니라 댄스에 있어서 워크는 원스텝, 투스텝, 스리스텝으로 기본이 이루어진다. 즉 1보, 2보, 3보 사람의 발은 둘인데 어떻게? 자이브 워크는 주로 3스텝을 많이 사용한다. 1,2스텝도 있지만 말이다. 여기에 방향만 설정하면 그에 따른 명칭만 붙여주면 된다. 순행(順行)인가? 역행(逆行)인가?에 따라 C(count-역(逆))가 따라간다. 워크는 자주 소개 되었으므로 본문에서 참조하시기 바라고 여기서는 치킨 워크를 집중으로 해보자.

◉ 치킨워크 - Chicken Walks

❶　　❷　　❸　　❹

치킨워크의 진행과정이다. ❷에서 ❸으로 연결될 시 강하게 우회전을 하
도록 한다. 그리고❹의 자세를 취하는 것이다. 여기에서 명심할 것은 남
성은 왼손으로 여성의 오른손을 손바닥이 위를 향하도록 만들어준다. 손
목을 약간 돌려준다는 말이다.

❶   ❷

⬆ ❶은 위의 ❹에서 방향을 바꾸어 남성과 마주한다. 여성은 스위블 동
작을 한다. ❷에서의 스위블 동작을 가미하여 좌우로 틀면서 스위블을 이
어간다.
치킨워크의 다양한 변화를 참고해야 할 것이다.

50 Fallaway rock with spin for lady into-R Shadow walks solo turn, The Backward walks, The crossing swivels, Flick ball change chasse Forward, Madison kick and syncopated fallaway throwaway 폴어웨이 록 위드 스핀 포 래디 인투-라이트 새도우 워크 솔로턴, 백 워드 워크, 더 크로씽 스위블, 플릭 볼 체인지 샤세 포워드, 메디슨 킥 앤 신코페이티드 폴 어웨이 드로우 어웨이   12 3a4 3a4 12 3a4 3a4 1234 3a4 3a4

1234   12345678 1a2 3a4 12 3a4 3a4

📖 Fallaway rock with spin for lady into-R Shadow walks solo turn,
폴어웨이 록 위드 스핀 포 래디 인투-라이트 새도우 워크 솔로턴,

클로즈드 더블 홀드 포지션으로 시작한다. 폴어웨이 포지션으로 록을 행하고 샤세를 행하면서 여성을 우회전 시킨다. 이때 남성은 여성의 뒤쪽 왼편에 위치하고 새도우 포지션을 이룬다. 회전은 여성만이 홀로 하는 솔로 턴이다. 남성은 회전하지 않는다.

새도우포지션이란?

서로가 같은 방향을 향하는 것이 원칙이다. 좌우로 틀면서 메렝게 워크를 한 후 마주보며 4보 후진 워크를 한다.

솔로턴 후 포워드 샤세를 행하면서 후행연결.

☎ The crossing swivels, Flick ball change chasse Forward,

더 크로씽 스위블, 플릭 볼 체인지 샤세 포워드,

크로싱 스위블이란? 쉽게 생각하면 다이야몬드 형태를 이루면서 꼭지점 댄스를 춘다 생각하면 된다.

샤세 전진하면서 플릭. 그리고 전진 샤세를 행한다.

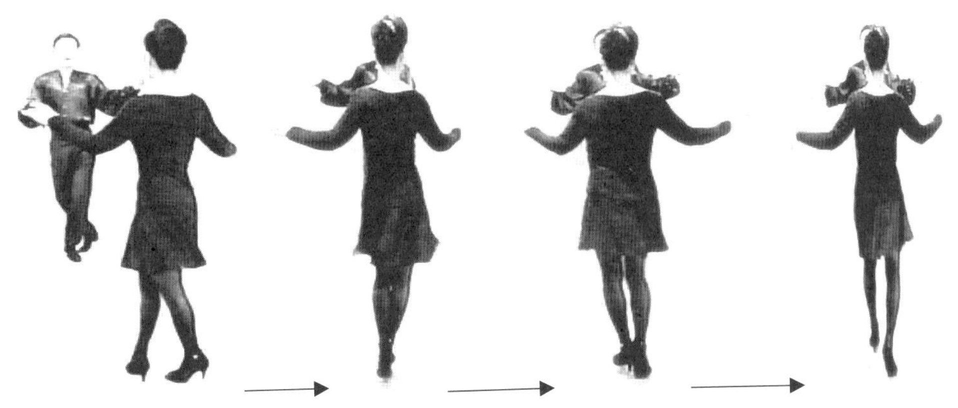

크로씽 스위블

☎ Madison kick and syncopated fallaway throwaway

메디슨 킥 앤 신코페이티드 폴 어웨이 드로우 어웨이

남녀 메디슨 킥을 행하면서 폴어웨이 드로우 어웨이로 마무리 동작을 한다.(섬세한 부분은 동영상을 참조.)

메디슨 킥에 이은 폴어웨이 드로우 어웨이

<table><tr><td>51</td><td>Arms linking : Miami special :The Drunken Sailor : The
Scissors : 마이에미 스페샬 : 더 드렁큰 세일러 : 더 사이소스
12 3a4 3a4 12 3a4 12 3a4 12 3a4 12 3a4 3a4
1a2 3a4 1a2 3a4 1234 12 S S</td></tr></table>

◉ 암스 린킹은 시작시 폴어웨이 드로우 어웨이를 행하고, 서로 마주
   보면서 떨어져 피겨를 행하고 전진하며 마주치면서 각자의 오른팔
을 걸고 서클링 전진을 하면서 걸었던 팔을 풀러주며 피겨를 행한다.
이때 리드는 쇼울더리딩을 하도록 한다.-"3a4"

↓ Miami special 여성의 왼편에서 오른편으로 건너가며 여성의 오른팔
을 남성의 오른손으로 목뒤로 걸친 후 스치며 풀면서 왼손으로 바꿔 잡으
며 어웨이포지션.

✖ The Drunken Sailor

남성과 여성은 텐션에 주의. 피겨를 행해야 한다.　↑Slow Hip Bump

✖ The [14]Scissors

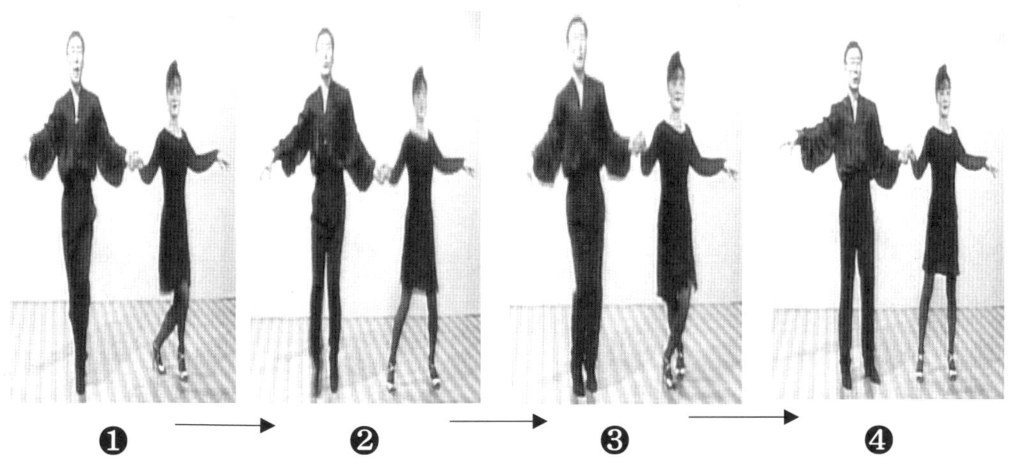

❶ ⟶ ❷ ⟶ ❸ ⟶ ❹

↑진행과정인데 가위질하는 형태를 연상하시라. 손가락을 펴고 모으고 가위질하는 과정을 나타낸 것인데 ❶-❹ 셋트로 구성을 참조,

---

14) (도약할 때) 두 다리를 가위처럼 놀리기(=～ hòld).

52

Overturn Change Of Place To Right, Flick Ball Change,
Lindy Hops Spanish Arms Variation, Change of Place L to
R Double Change Behind Back, Springs, Break and Spin
오버턴 체인지 오브 플레이스 투 라이트 플릭 볼 체인지,
린디 홉스 스패니쉬 암스 바리에이션, 체인지 오브 플레이스
레프트 투 라이트 더블 체인지 비하인드 백, 스프링 브레이크
앤 스핀 12 3a4 3a4 1a2 a1 a2 34 1a2 3a4 12 3a4 3a4 12
3a4 3a412 3a4 12 3a4 1234 1234 a4 12 3a4 3a4

Overturn Change Of Place To Right, Flick Ball Change,
오버턴 체인지 오브 플레이스 투 라이트 플릭 볼 체인지,

❶　　　　　❷　　　　　❸　　　　　❹

✖ 오버 턴과 체인지 후트. 플릭 과정을 이어본 것이다.
오버턴은 남성이 여성을 폴 어웨이 하면서 여성을 우회전시키면서 연속으
로 회전을 더하여 완전한 오버 턴을 하도록 한다. 치킨워크가 대표적인
사례다. 플릭볼체인지는 플릭동작을 하면서 발의 순번을 조절하는 것이
다. 오버턴에 이은 스위블 동작은 많은 변화의 피겨를 요구한다.

53 Slow Chiken Walk, Flick Crosses and Taps
슬로우 치킨 워크, 플릭 크로스 앤 탭
12 3a4 3a4, S S QQQQ, 3a4 3a4
12 3a4 3a4, 12, 12 34
56 78 12 34 56 78

✖ Slow Chiken Walk, 슬로우 치킨 워크.

치킨 워크는 "S"카운트와 "Q"카운트를 사용하는데 2,4,6─이 짝수를 만드는 것이 루틴을 구성하는 요소다. 왜?

오버 드로우 어웨이   Over Throwaway

록스텝을 행한 후 여성을 좌회전 하도록 하는데 회전량에 따라 오버턴이 되기도 한다. 남성은 회전량에 따른 스웨이를 한다.

✖ Flick Crosses and Taps 플릭 크로스 앤 탭.

플릭을 하면서 슬립 동작이 필요하다. 왼발로 시작하는 경우, 오른발로 시작하는 경우가 있다. 탭은 추가 동작으로 이어지는 것이다.

54

Rolling off the Arm : Rotary Zigzag in Shadow Position :
Double Reverse Throwaway Hesitation, cross Forward : Link,
Over Turned Whip throwaway : Flick ball change : Drag
Flicks : Type of Chicken Walk and Spin ending
롤링 오프 디 암 로타리 지그재그 인 섀도우 포지션
더블 리버스 드로우 어웨이 헤지테이션 크로스 포워드 링크
오버턴드 윕 드로우 어웨이 플릭 볼 체인지 드래그 플릭타입
오브 치킨 워크 앤 스핀 앤딩 12 3a4 12 3a4 12 3a4 1234
1234 3a4, 1234(여성 3a4) 12 3a4 3a4 3a4 12 3a4 12 3a4
1a2 3a4 1234 a1 a2 a3 a4 12 SSQQ 3a4 12 3a4

◉ Rolling off the Arm : Rotary Zigzag in Shadow Position
롤링 오프 디 암 로타리 지그재그 인 섀도우 포지션

오픈페이싱 포지션에서 시작하는데 **롤링 오프 디 암**을 행하고 이어서 로타리 지그재그를 한다. 이때 남성은 여성의 뒤쪽에서 여성의 왼편에 서서 여성의 편 왼팔을 뒤에서 잡고 섀도우로 행한다.

◉ Flick ball change : Drag Flicks
플릭 볼 체인지 드래그 플릭

플릭 볼 체인지

드래그 플릭

드래그란? 끌어당김이다. 체중을 실은 발을 중심으로 하고 반대편 발끝을
당겨 모으면서 체중을 이동 다음피겨로 진행한다.

좌우반복, 또는 단순 동작을 한다. 플릭 동작으로 이어질 경우 좌우 반복
으로 행한다.

55

Syncopated Break from Fallaway
신코페이티드 브레이크 프롬 폴어웨이
12 34 1a2

◉ 폴어웨이 동작에서 진행하다. 클로즈더블 홀드 포지션에서 3,4하는 것이 압권이다. 얼핏 생각하면 아무것도 아닌 것 같으나 흐름의 맥을 짚어주는 묘수다, 다음에 1a2로 폴어웨이로 이어간다.

❶   ❷   ❸   ❹

❶ : 폴어웨이 동작으로 시작.
❷ : 더블클로즈포지션인데 폴어웨이 브레이크다.
❸ : 신코페이티드 폴어웨이.
❹ : 신코페이티드 폴어웨이 브레이크.

56

The Tunnel
더 턴넬
12 3a4 3a4 12 3a4 12 3a4

◉ 터널을 이루는 것이다.

터널도 길고, 복잡한 터널이 있듯 피겨도 다양하다. 단 하나의 공통점은
상식적으로 생각을 하자. 터널이란? 안에서 바뀌면 안 된다. 한쪽 길이라
는 것이다. 입구와 출구가 다 하나다. 단지 길고, 이어지느냐? 하는 차이
다.

❶ ⟶ ❷ ⟶ ❸

◉턴널을 행하기 위해서는 우선❶의 자세가 이루어져야 한다.

더블홀드로 이루어지는 것이 상례이고, 오픈 포지션에서 시작하는 경우도
있다. 방법은 다양하나 남성의 양손과 여성의 양손이 서로가 엇갈린 형상
이 되어야 한다. 크로스 상태다.

남성의 왼손은 자신의 등 뒤로 하여 여성의 왼손을 잡고, 남성의 오른손
은 여성의 오른손을 잡는데 여성의 왼손 위로 하여 여성의 오른손을 잡는
다. 여기에서 손을 안쪽으로 하느냐? 바깥쪽으로 하냐의 차이는 엄청나
다. 엉뚱한 결과가 나오기 때문이다. 여성의 오른손을 들어 여성이 남성

의 오른손 아래로 터널을 통과하듯 지나가는 것이다. 이와 같은 방법을
사용하여 왼쪽으로도 통과한다. 왼쪽일 경우는 손이 다 반대방향이 된다.

❶ ⟶ ❷ ⟶ ❸

◉ 여성이 후진을 하면서 왼쪽으로 터널을 하는 과정이다.
◉ 여기서 남성이 3a4끝에서 회전을 하는 경우도 있다, 이어서 여성을 좌
　회전 시키면서 더블홀드 상태를 만든다.

57 Overturned Change of Place LtoR : NewYork Movement :
Spin, Hops & Flick Link.
오버턴 체인지 오브 플레이스 레프트 투 라이트 :
뉴욕 무브먼트 : 스핀, 홉, 플릭 링크
12 3a4 3a4 1234 a1 a2a a3 a4 a1 a2 a3 a4 a1 a2 a3 4

◉ 오버턴을 하여 사이드 포지션을 이룬 후 뉴욕을 하면서 스핀, 홉, 플릭을 이어간다.

❶ ⟶ ❷ ⟶ ❸

⬆ 뉴욕의 과정이다.

58

Change of hands beahind the back into left side-by-side Position,Two Flick ball change step, Side Chasse to double Crossed holdand Arms over head movements.
체인지 오브 핸드 비하인드 더 백 인투 레프트 사이드 바이 사이드포지션 투 플릭 볼 체인지 스탭 사이드 샤세 투 더블 크로스 홀드 앤 암스 오버 헤드
12 3a4 3a4 1a 2a 3a4 3a4 1234 5678 3a4

◆ Change of hands beahind the back into left side-by-sidePosition, 체인지 오브 핸드 비하인드 더 백 인투 레프트 사이드 바이사이드포지션

오픈 페이싱 포지션으로 시작을 하여 등 뒤로 손을 바꾸어 잡고 여성을 보내면서 사이드-바이-사이드 포지션을 유지한다.

◆ Two Flick ball change step투 플릭 볼 체인지 스탭

플릭을 2회 반복하면서 볼체인지를 사용.

◆ Side Chasse to double Crossed hold and Arms over head movements.사이드 샤세 투 더블 크로스 홀드 앤 암스 오버 헤드

이 동작은 남성의 오른손, 여성의 오른손은 남성의 목 뒤로, 남성의 왼손, 여성의 왼손은 여성의 목 뒤로 각각 어깨동무 하듯 걸치고 힙 펌프를 행하면서 마이애미 스페셜을 하듯 행한다. 마무리 동작은 폴어 웨이 포지션으로 행한다.

59

1,2 of Link : Hop Tap. Hop step Movements 1-6 of Hand
to Hand : Solo Turn and Continuous Chasse
1-2오브 링크 : 홉탭. 홉스탭 무브먼트 1-6오브 핸드 투 핸드 :
솔로 턴 앤 컨티뉴어스 샤세
12 a3 a4 a5 a6 78 12345 6a7a8

◇ 1,2 of Link : Hop Tap. Hop step Movements
1-6 of Hand to Hand
1-2오브 링크 : 홉탭. 홉스탭 무브먼트 1-6오브 핸드 투 핸드

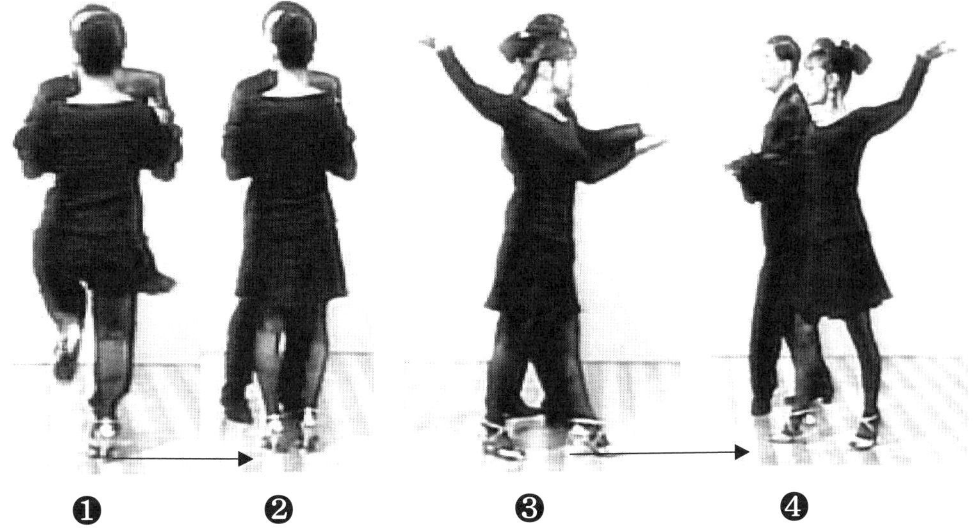

❶　　　　❷　　　　❸　　　　❹

↑홉 스탭 무브먼트를 행하면서 핸드 투 핸드↑로 이어간다.

◆ Solo Turn and Continuous Chasse
　　솔로 턴 앤 컨티뉴어스 샤세

샤세를 서로 이어 진행해 가면서 여성은 중간에 회전을 하고 연결한다.

④ ← ③ ← ② ← ①

↑ 핸드 투 핸드에 이어 샤세를 하면서 중간에 회전을 한다. 이때 남성도 같이 회전을 한다. 각자가 회전을 한다고 생각하라.

60

Hop Flicks and Springs in Right Side-by-Side Position :
Change of Place LtoR to L side-by-side Position : New York
Movement to Solo Spin, Polka Chasse Turnning to Right
홉 플릭 앤 스프링 인 라이트 사이드 바이 사이드 포지션 :
체인지 오브 플레이스 레프트 투 라이드 투 레프트 사이드 바
이 사이드 포지션 : 뉴욕 무브먼트 투 솔로 스핀, 폴카 샤세
턴닝 투 라이트 12 QaQ QaQ QaQ QaQ QaQ
3a4 12 3a4 3a4 1234 3a4 3a4 3a4 3a4

◆ Hop Flicks and Springs in Right Side-by-Side Position
　홉 플릭 앤 스프링 인 라이트 사이드 바이 사이드 포지션

❶ ⟶ ❷ ⟶ ❸

◆ Change of Place LtoR to L side-by-side Position

◆ New York Movement to Solo Spin,

↑ 뉴욕동작에 이은 솔로스핀이다. 솔로 턴도 이어진다. 턴과 스핀 차이는 무엇일까? 턴과 스핀 다 회전하는 것이요, 원을 이루며 도는 행위다. 얼핏 생각하면 다 그것이 그것 아닌가? 일맥상통한다.

스핀은 볼을 이용한 완전한 회전 행위요, 1보로 이루어진다. 2보 ,3보라면 결국 회전 수가 많아진다는 설명이다.
턴은 1보 이상으로 방향전환, 회전을 하는 행위를 말한다. 방향전환이라는 것이 턴과 스핀의 크나큰 차이다. 물론 회전을 하니 방향전환이 되는 것도 말이 된다. 방향을 바꾸는 목적과 돌기위한 목적은 완전히 다르다.

◆ Polka Chasse Turnning to Right-일종의 서클링 샤세다.

❶ ⟶ ❷ ⟶ ❸

61 Change of Place L.to.R With Mans Foot Change –on same Foot ,Side-by-side Posion, Coca Rora –zigzag – Kick-Volta turn- Leg line-Chasse – Skips to facing Position-Change of Place L to R. 체인지 오브 플레이스 레프트 두 라이트 위드 맨스 후트체인지 온 세임 후트 사이드 바이 사이드 포지션 2코 카로라 지그재그 –킥- 볼타턴- 렉라인- 샷- 스킵 두 페이싱 포지션- 체인지 오브 플레이스 레프트 투 라이트

1234|(여성12 3a4) 1234 1234 a1 a2 34 1a2 34 3a4 a5 a6 a7 a8(여성 스킵 오른발 1/2회전 오른쪽으로(5a)

◈ Change of Place L.to.R With Mans Foot Change –on same Foot ,Side-by-side Posion,체인지 오브 플레이스 레프트 두 라이트 위드 맨스 후트체인지 온 세임 후트 사이드 바이 사이드 포지션.

❶ ⟶ ❷ ⟶ ❸

◈ 오픈 페이싱 포지션으로 시작. 여성을 오른쪽으로 보내면서 사이드포지션을 이루면서 발을 같이 하도록 한다.

◉남성 : 1,2,3,4　→ 왼, 오, 왼, 오　→ 끝발은 오른발

◉여성 : 1,2, 3a4 → 오, 왼, 오, 왼, 오 → 끝발은 오른발

발이 같아지고 같이 움직여진다.→후행

◆ Coca Rora –zigzag→2코카로라 지그재그

❶ ⟶ ❷ ⟶ ❸

↑ 코카로라를 행하고 지그재그를 행한다. 코카로라— 진행과정이다.

◉ 지그재그 –킥- 볼타턴-

❶ ❷ ❸

❶ : 지그재그 과정이다. 코카로라를 행한 후 이어지는 과정이다.

❷ : 킥 동작이다. 지그재그를 한 후 이어지는 레그 라인을 이루며 킥동
작을 한다.

❸ : 볼타 턴을 시작한다.

◆ Leg line-Chasse – Skips to facing Position-Change of Place L to R. 렉라인- 샷- 스킵 두 페이싱 포지션- 체인지 오브 플레이스 레프트 투 라이트

❶   ❷   ❸   ❹

❶-❷ : ❶에서 드래그하면서 렉라인을 이루고 스킵동작으로 이어간다.

❶ ⟶ ❷ ⟶ ❸ ⟶ ❹

◎ 회전을 한 후 페이싱 포지션을 한 후 후행피겨를 행한다.

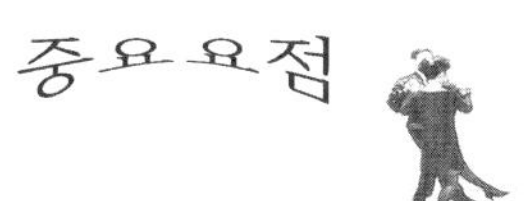

제2장

자이브(jive)-2
32-61

32번부터 61번까지로 구분을 정했으나, 이것이 요즈음은 변화되어 100번을 넘어가는 상황이다. 여기 있는 바리에이션들은 응용과정으로 고급 편에 속한다.

일종의 루틴 화 되어 사용된다.

각각의 판단은 독자여러분들이 하시는 것이지만 당부 드리는 것은 번호에 집착하지 않으시기를 거듭 부탁드리는 바입니다.

기본적인 사항을 얼마나 다양하게 활용하는가가 중요하다 생각합니다.

32.　American Spin with Turn for Man To Right Shadow Position
아메리칸 스핀 (남성 좌회전, 여성 우회전)

여성 : 오른발 샤세
남성 : 왼발 샤세

여성을 4/3 좌회전 시킨다.

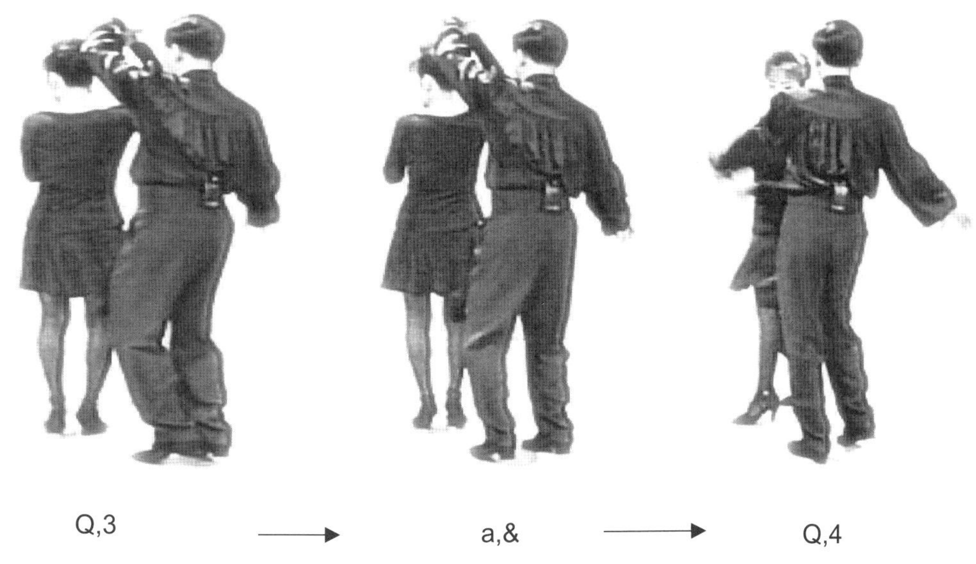

Q,3   a,&   Q,4

❶ 여성 후진, 남성이 전진하며 샤세를 행하면서 전반부과정을 마무리.

❷ 여성이 3보-5보 샤세를 행한 후 옆으로 사이드 샤세를 행하기도 한다. 이때 남성도 같이 사이드 샤세를 행한다.(여성은 왼쪽, 남성은 오른쪽으로 샤세를 행하게 된다.) 왼쪽은 왼발, 오른쪽은 오른발이 된다.

사진은 지금 여성이 후진, 남성이 전진하는 형태다.

일반적인 형태에서는 사이드 샤세를 선호하는 편이다. 정석이다.

전진과, 후진을 할 경우는 크로스 상태를 이루어야 하므로 차차차 형태를 이루는 경우가 많다. 초심자는 혼동이 우려된다.

일부 강사들은 후행 샤세에서 ❶, ❷의 차이점을 구별하지 않고 진행되는 경우가 많은데, 필히 두 방법의 차이를 알려야 한다.

American Spin with Turn for Man To Right Shadow Position-
아메리칸 스핀 (남성 좌회전, 여성 우회전)-섀도우 포지션

여성 우회전 하도록 리드.
남성은 좌회전을 한다.

리드 시 오른손 사용 가. 후행에 절로
왼손 터치가 자연스럽다.

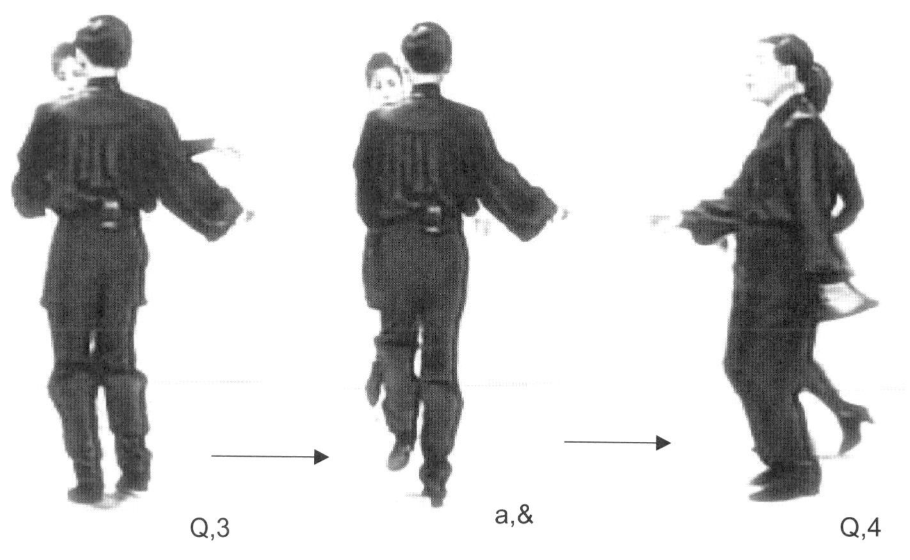

각자가 숙련된 경우는 회전을 많이 할 수가 있다. 각자의 능력에 달린
사항. 사이드 샤세가 이어질 경우 회전(2회전)을 가속하는 경우다.

섀도우포지션

왼손으로 여성 오른손 잡는다.

15)Shadow Position

새도우포지션을 행하면서 남성은 여성의 오른편에 위치하도록 한다.
남성은 좌회전, 여성은 우회전을 한 후 새도우 포지션을 이룬다.
❶남성은 슬라이딩 라이트 샤세 행하면서 여성의 오른 쪽에 위치한다.
❷볼 체인지를 이용해 하기도 한다.(카운트에 주의)

---

15) 그림자, 투영(投影); U 그늘

Shadow Position and Lady Spin To Right
섀도우 포지션에 이은 여성 우회전하기.

남성 왼발 앞으로 전진. 왼손뒤로 여성과 텐션을 유지. 체중울 오른발로 이동. catapult

Q,1   Q,2

남성왼발 앞으로 전진. 왼손 뒤로 여성과 텐션을 유지. 체중을 오른발로 이동.

Q,3   a,&   Q,4

---

16) 쏘다, 발사하다, 발진시키다

◉ 여성의 경우 2회전이 힘들 경우 첫 번째 샤세에서 회전을 하고 다음 샤세시 후진, 또는 사이드 샤세를 행하기도 한다.

◉ 여성은 두 번째 샤세에서 3보 왼발에 체중을 싣고 후행 피겨를 준비한다.

◉ 남성은 여성을 회전하도록 할 경우 스타카토 리드를 하도록 한다.

◉ 남성은 여성을 2회 회전하도록 한다.(왼손을 사용한다.)
　숙달된 경우는 왼손으로 당기면서 오른손으로 바꿔진 후 2회 회전을 하도록 한다.(이 경우는 머리위로 손을 들어 돌려준다.)

33. [17)]Swivel Kick and Break. (스위블 킥 & 브레이크)

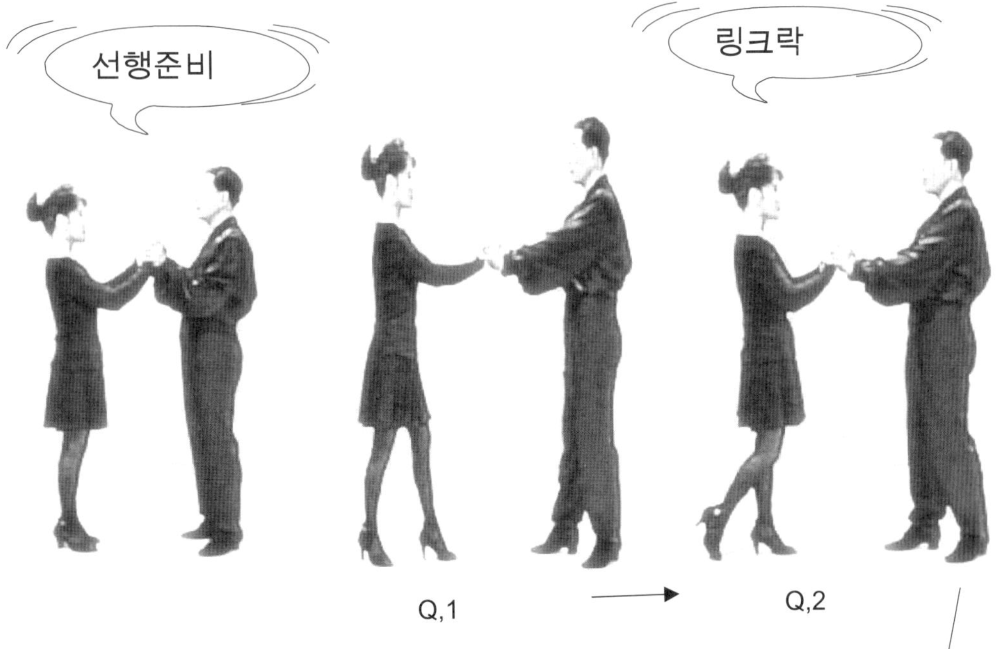

텐션을 유지. 밀고 당기며 리드를 행한다. 남성 왼발, 여성 오른발.

17)**Swivel:**회전 고리로 돌(리)다; 회전 고리를 달다〔로 버티다. 로 멈추다〕; 선회하다〔시키다〕.

- 1,2,3,4에서 남성은 오른발, 여성은 왼발 볼을 사용하여 킥 동작을 행한다.(2회반복)
  한쪽이 볼을 사용하여 스위블을 행하면, 반대쪽은 자연 킥을 하게 된다.
- 크로스란 교차하는 것이다. 남성은 왼발여성은 오른발이 뒤로 교차하게 된다.
- 교차에는 앞과 뒤가 있으나 피겨마다 사용함에 있어 약간의 차이가 생길 수 있다.

남성 오른발, 여성 왼발 스위블킥 1-6까지 이어진다.
구사자의 능력에 따라 오르내림이 나타난다.
킥동작 이라고 볼 차듯 하는 것이 아니다. 무릎을 올리고 내리는 것이다.

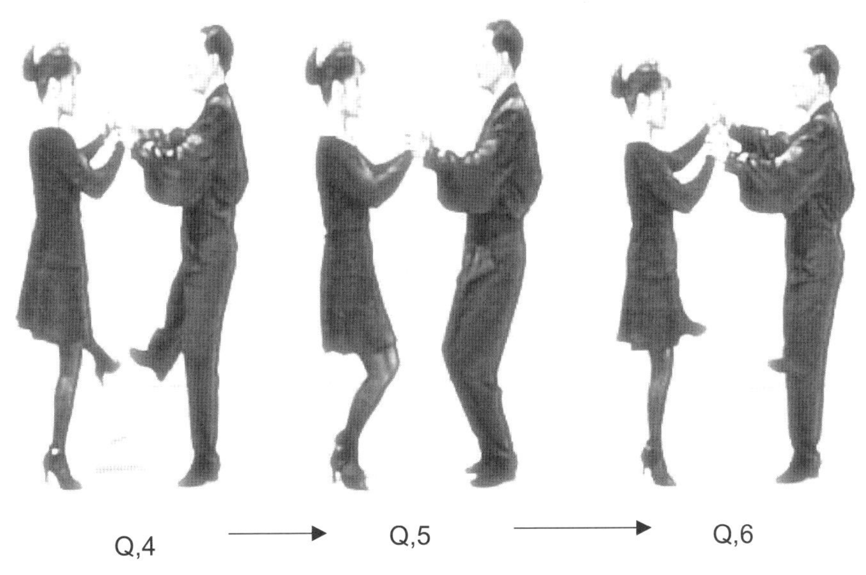

킥동작을 마무리 할 때는 자세를 항상 낮추어야 한다. 자세를 낮춘다는 것은 무릎을 구부리는 행위이다.

Q, a, Q-3, 1, 4 여기서 우리는 무엇을 생각할 것인가? 리듬도 리듬이지만 박자 길이의 길고 짧음에 따라 오르내림이 차이가 있고, 그에 따라 리드의 신속함, 몸의 이동이 이어진다는 것을 항상 잊지 말아야 할 것이다.

Breaking Position(브레이크 동작 및 자세의 연결).
스텝의 연결에 따라 좌, 우 브레이크를 각각 분리 사용하기도 한다.

34. Syncopated 18)Mooch and Continuous Chasse.
싱커페이티드 무치 앤 컨티뉴어스 샤세.

싱커페이트 무치

사이드-바이-사이드 포지션은 좌우가 있다.

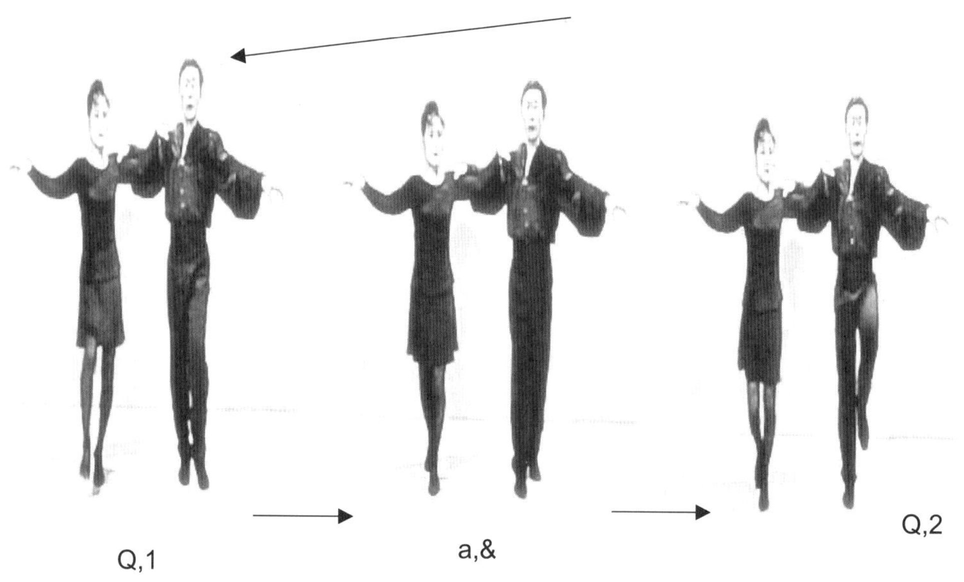

---

18)**Mooch** : 배회하다, 살금살금 거닐다
싱커:야구에서, 투수가 던진 공이 회전 없이 타자 앞에서 급히 떨어지는 변화구.

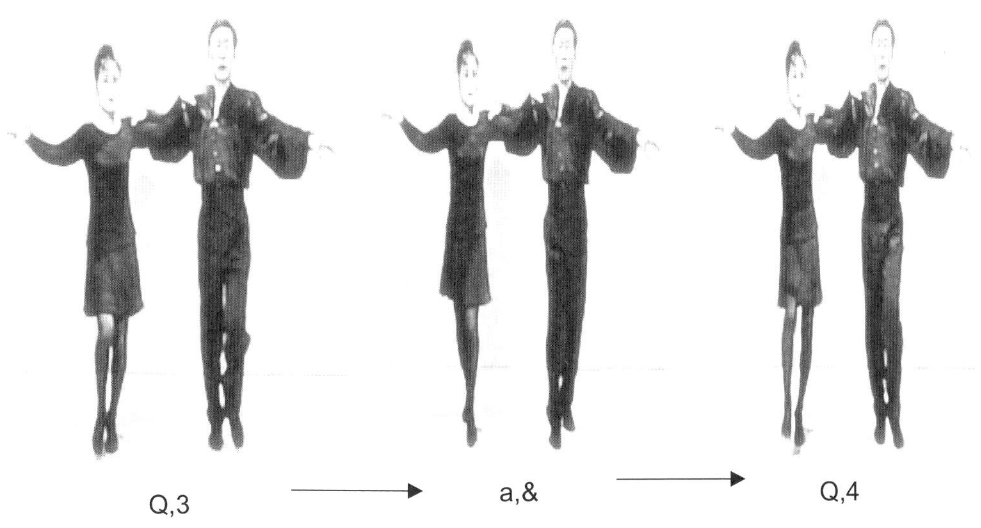

◉ 싱커페이티드 무치는 일종의 킥 같은 동작이나 부드러운 무릎의 움직임
으로 양발을 서로 교체하며 걷는 듯 행하는 피겨다.

◉ 카운트는 1,2,3,4 혹은 1a2,3a4로 크게 두 종류로 나누어진다. 특수한
경우에 1a2a3a4처럼 중간에 a가들어가는 경우도 있으나 그리 흔치는
않고 무치라는 의미를 크게 벗어나지 않아야 한다.

◉ L-Side-by-Side Position
R-Side-by-Side Position
각각의 경우 리드방법과 상대방과의 간격이 피겨에 따라 여러 모습으로
나타난다.

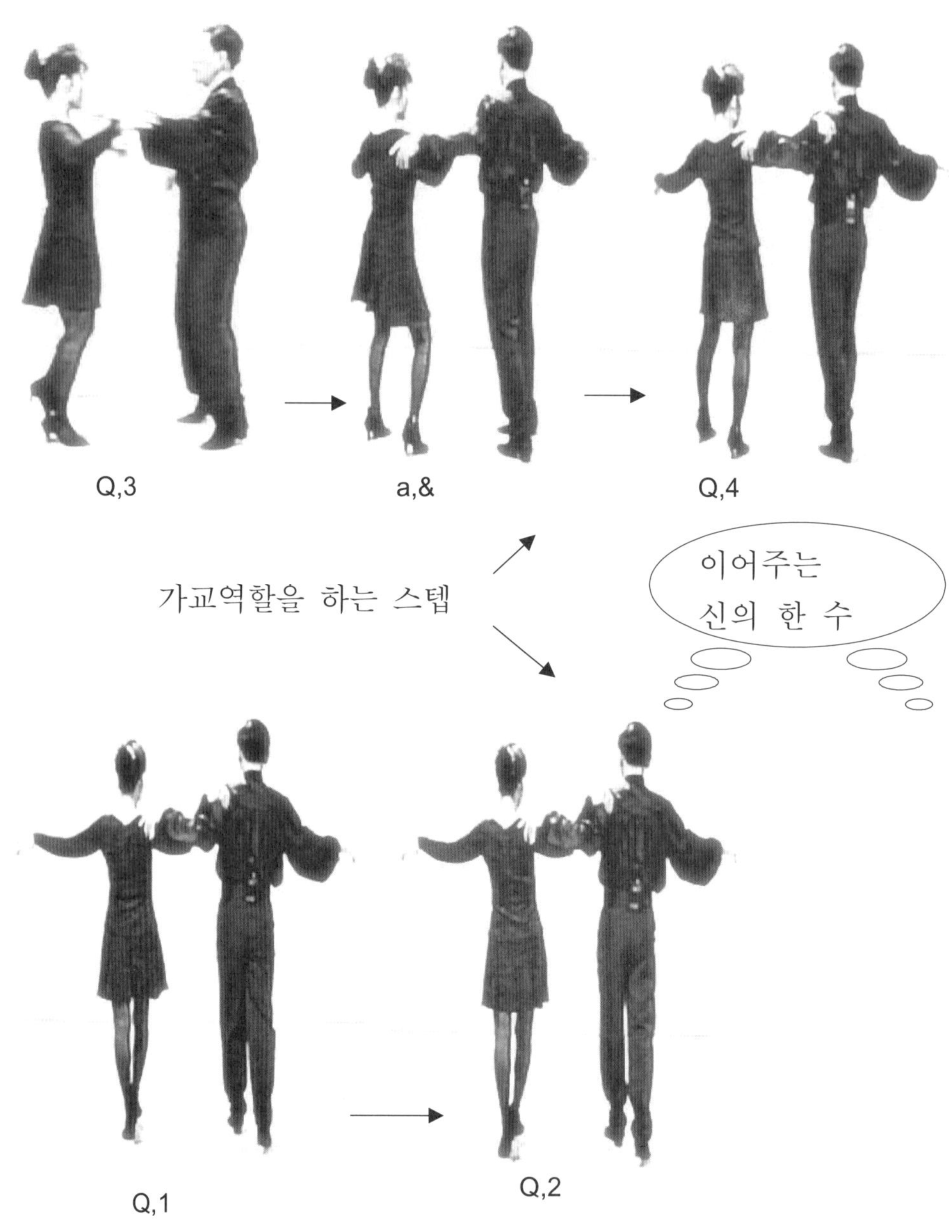

싱커페이트 무치

좌우로 이어지는 과정에서 중간의 역할을 하는 피겨를 염두에 두
어야 한다.

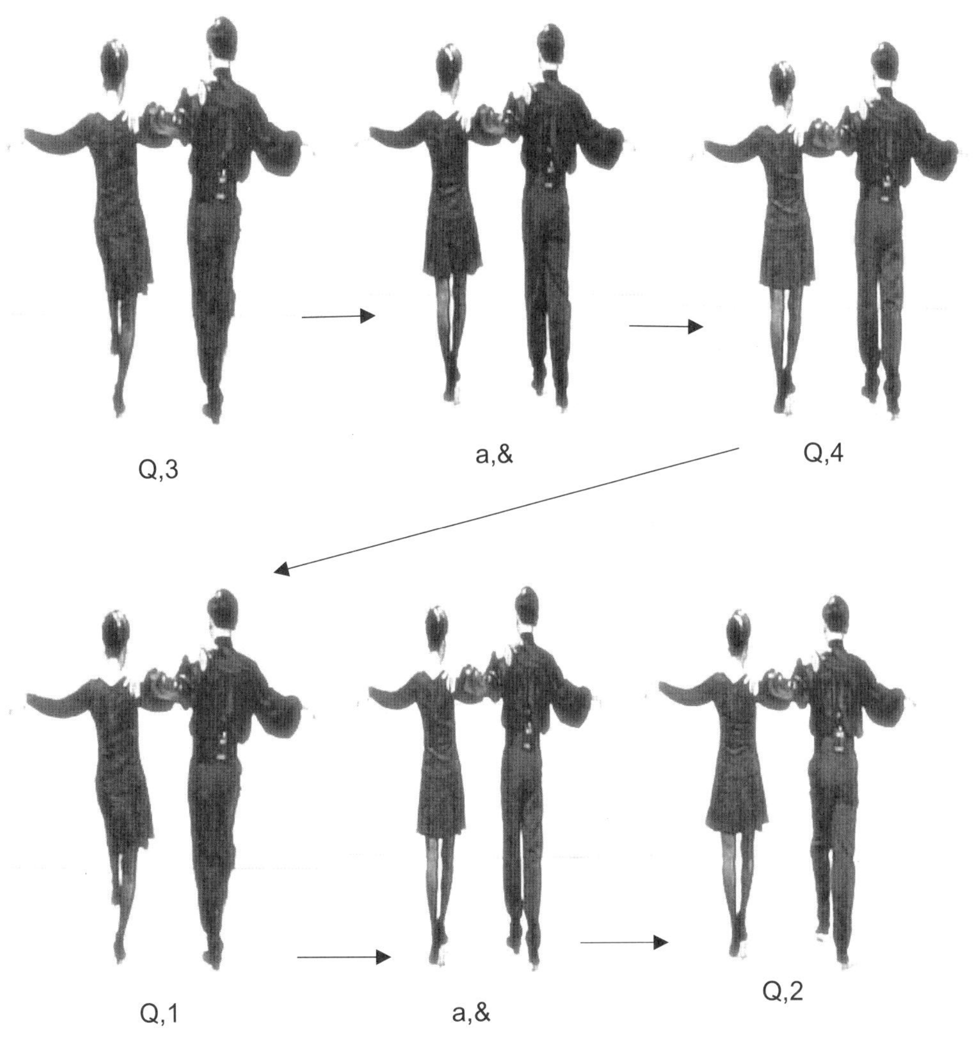

◉ 무치는 1,2 3a4,5a6 7,8 2회로 이어지기도 하고 1,2 3a4 5,6 7a8 1회
씩 반복되기도 하고 그 용법은 다양하게 나올 수 있다.

◉ 선행과 후행의 피겨 연결에 따라 얼마든지 응용이 가능하다.

◉ 또한 중간에 이어지는 연결의 방법에 따라 변화가 이어지고 또 다른
형태로 연결이 되기도 한다.,

 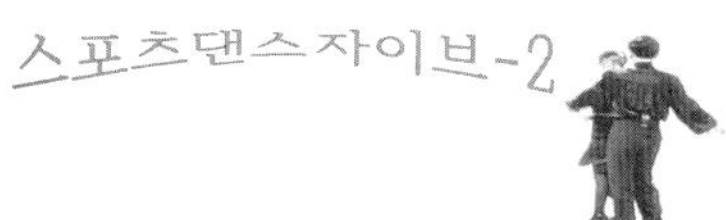

Q,3

a,&

Q,4

Q,1

Q,2

컨티뉴어스 샤세

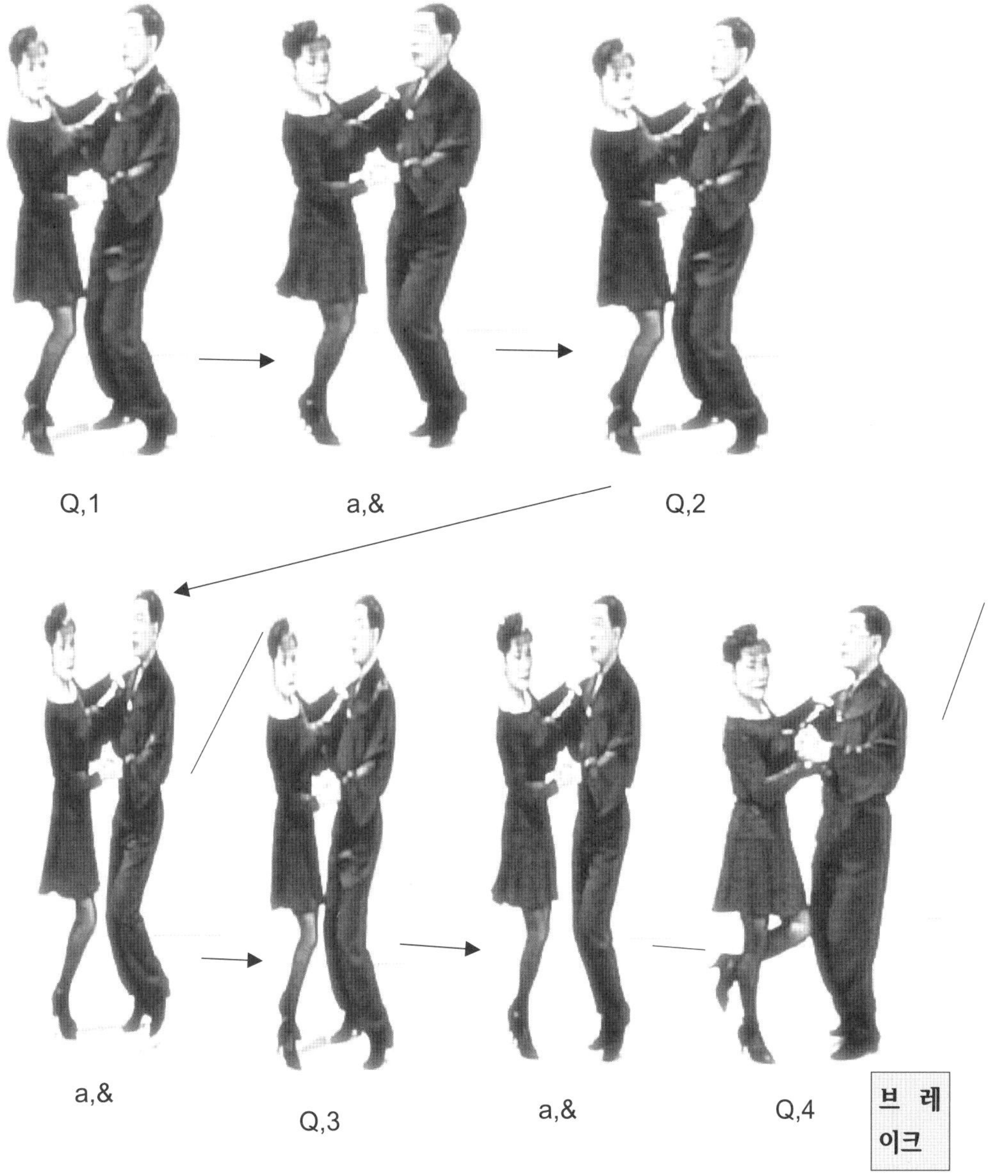

Q,1   a,&   Q,2

a,&   Q,3   a,&   Q,4   브레이크

1&,2&   3&4   3&4 세 부분으로 구분, 카운트 하면 쉽다.

5-7보의 3a4의 4에서는 여성은 오른발, 남성은 왼발에 브레이크가 걸린다. 브레이크란? 쏠림이다. 기울임이다. 일종의 체크다.

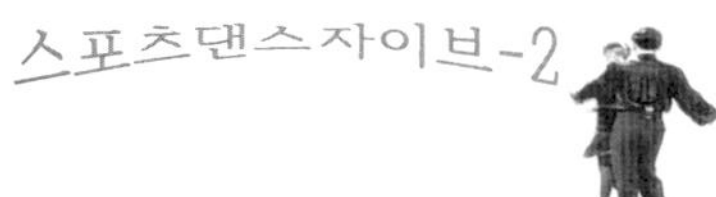

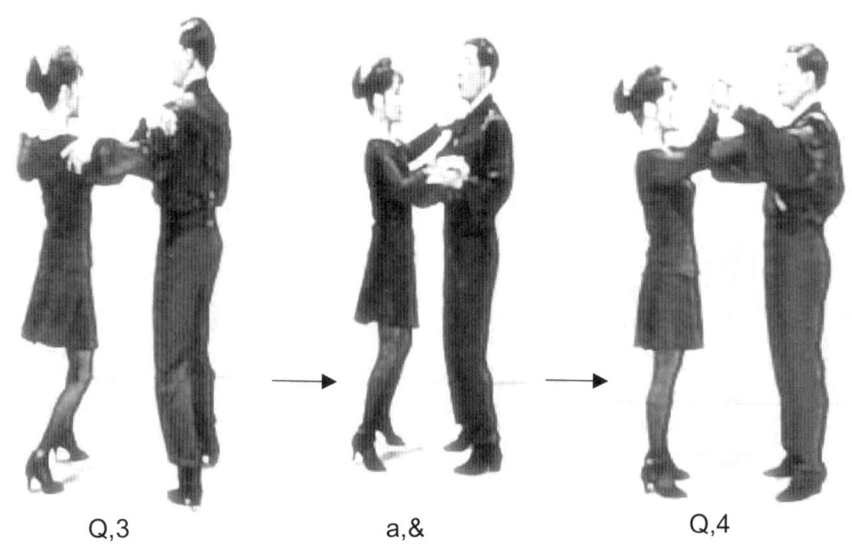

Q,3   a,&   Q,4

1a 2a : 슬립 포인트 형태로 자세를 낮추고 스웨이를 사용하여 움직인다.
3a4 : 4에서 브레이크를 건다.
3a4 : 본래의 기본 홀드상태로 들어간다.

◉ 자동차의 원리와 같다. 브레이크를 밟으면 차가 밀린다. 안전거리확보
다. 자이브에서 브레이크 동작을 할 때도 마찬가지다. 안전거리, 밀리는
거리, 속도를 생각해서 후행과, 선행피겨를 할 시간적인 여유도 미리 항
상 확보 계산해야 한다.

35. "Cuddle Walks" and Spin.- 커들워크 앤 스핀
1, 2, 3&4 3&4 1,2, 3&4 3&4 3&4 3&4 1, 2, 3, 4

클로즈드 포지션에서 시작하고 여성을 우회전시킨 후 "19)Cuddle Walks",
그리고 스핀을 행한다.

---

19) 꼭 껴안다. 부둥키다. (어린 아이 등을) 껴안고 귀여워하다. 바싹 달라붙다

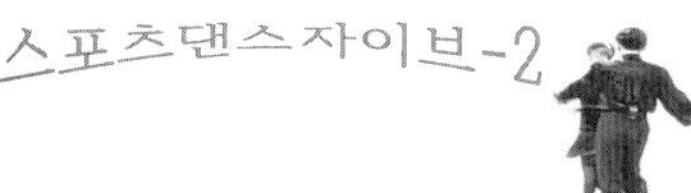

Cuddle Walks"-커(쿠)들 워크

남성은 여성의 왼쪽에 위치하고 양손을 잡고 오른손은 여성의 오른
쪽 어깨에 위치하고 왼손은 남성의 가슴 앞부분에 위치하며 여성은
오른발 샤세, 왼발 샤세 행하면서 좌우로 틀면서 전진 샤세 행한다.

우회전 완료 후 양손으로 다음 동작을 준비한다.
남성:오른손 여성:오른손, 남성: 왼손여성: 왼손

샤세를 2회 반복한 후 1,2,3,4로 행하는 경우도 있다.

샤세 워크 후   Spin(스핀)

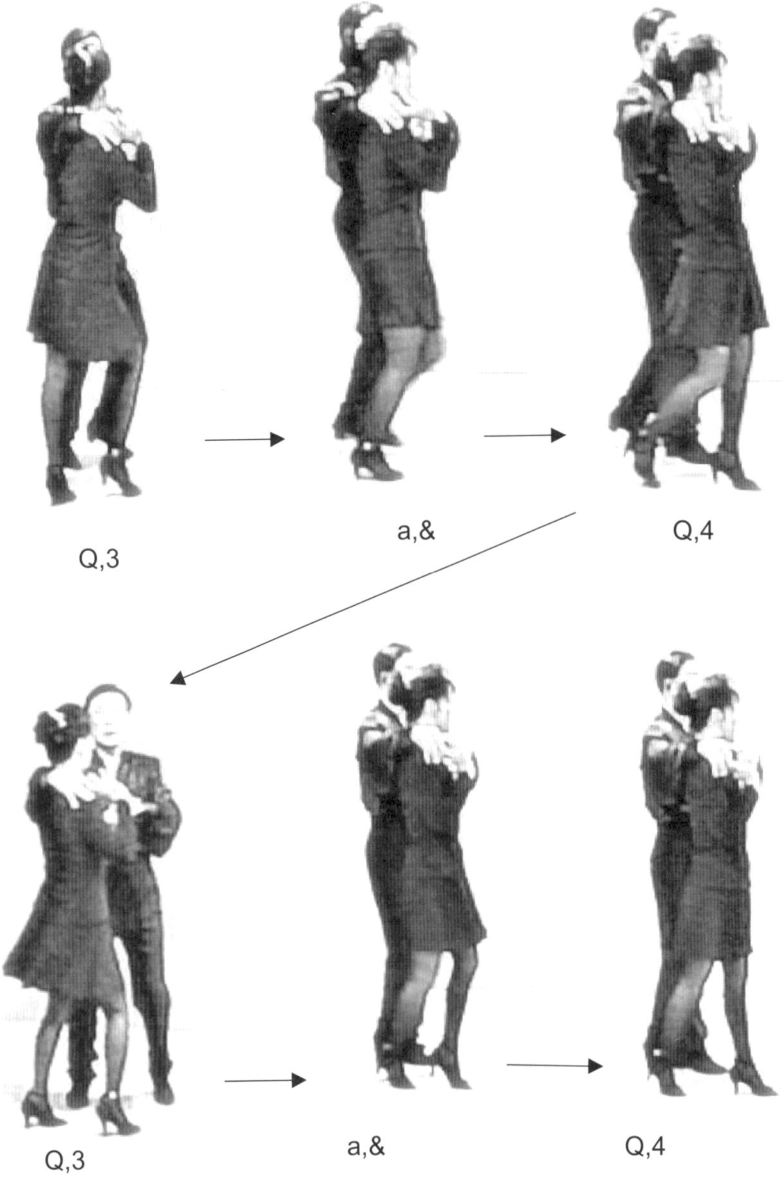

Q,3　　　　　a,&　　　　　Q,4

Q,3　　　　　a,&　　　　　Q,4

◉ 샤세를 행한 후 여성을 우회전 하도록 하면서 리드 후 오픈 포지션으로 마무리 한다. ◉ 오른손에서 왼손으로 교체하며 마무리한다.

◉ 여성은 우회전시 2회 회전을 하며 스핀을 한다.

◉ 여성은 스파이럴(Spiral)1 동작을 사용하기도 한다.

◉ 샤세를 행한 후 여성의 회전방식.
일반적으로 단순 우회전을 하면서 후진 샤세 또는 사이드 샤세를 행함으로서 마무리를 한다.

◉ 여성이 복합 우회전(2회 또는 3회전도 가능 주로 2회전이 많이 사용된다.)하도록 남성이 리드하기도 한다.-숙련도에 따라 달라진다.

◉ 우회전만이 이루어지는 것이 아니다. 좌회전도 가능하다.
샤세까지 회전으로 대체할 경우는 회전이 왼발로 끝나면서 곧 바로 후행 스텝으로 이어진다.

◉ 우회전을 행한 후 샤세로 마무리한다.

36 Spring Point, Kicks And Swivels – 스프링 포인트 킥 앤 스위블
1, 2 a1 a2 1 2 3, 1 2 3 3&4 1,2 a 1, 2

선행 휘겨 – Whip(윕)

◉ 남성은 여성을 남성의 오른쪽으로 더블클로즈 상태로 여성을 우회전하도록 하면서 홀드 상태유지. 스프링 동작을 할 수 있게 마주보며 마무리 하고 후행피겨를 한다. 3a4에서 크로스 상태

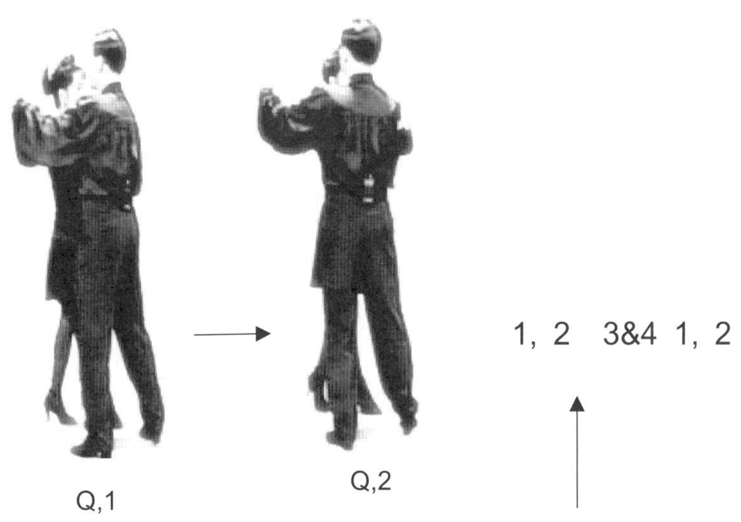

◉ 스프링 포인트 포인트 동작을 하려면 선행 피겨가 필요한데 윕(whip)
을 사용하면 된다. 오른발을 왼발 뒤로 크로스 한 뒤 오른 발을 축으
로 왼발 오른발 1,2로 하여 스프링 포인트 동작을 준비한다.

Spring Point

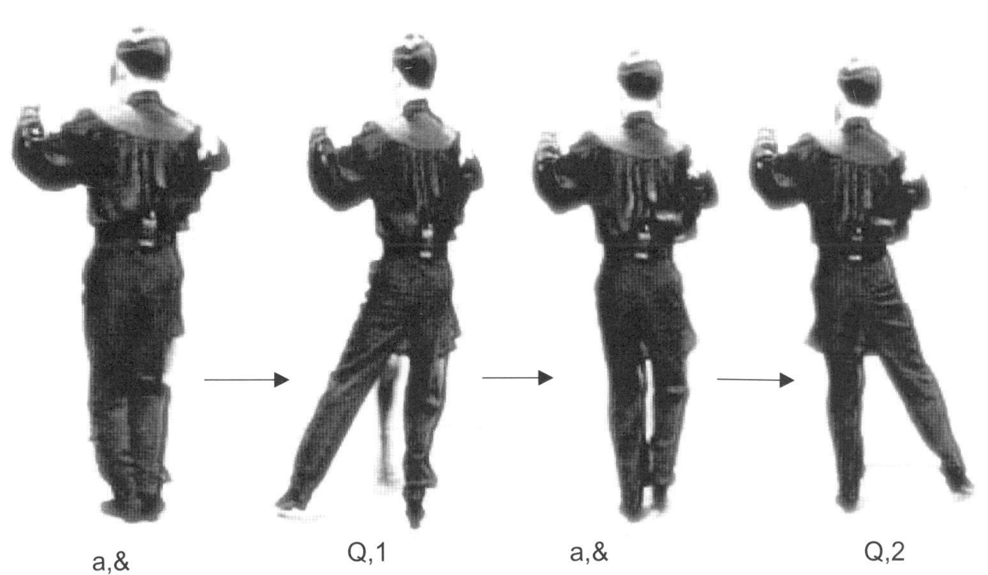

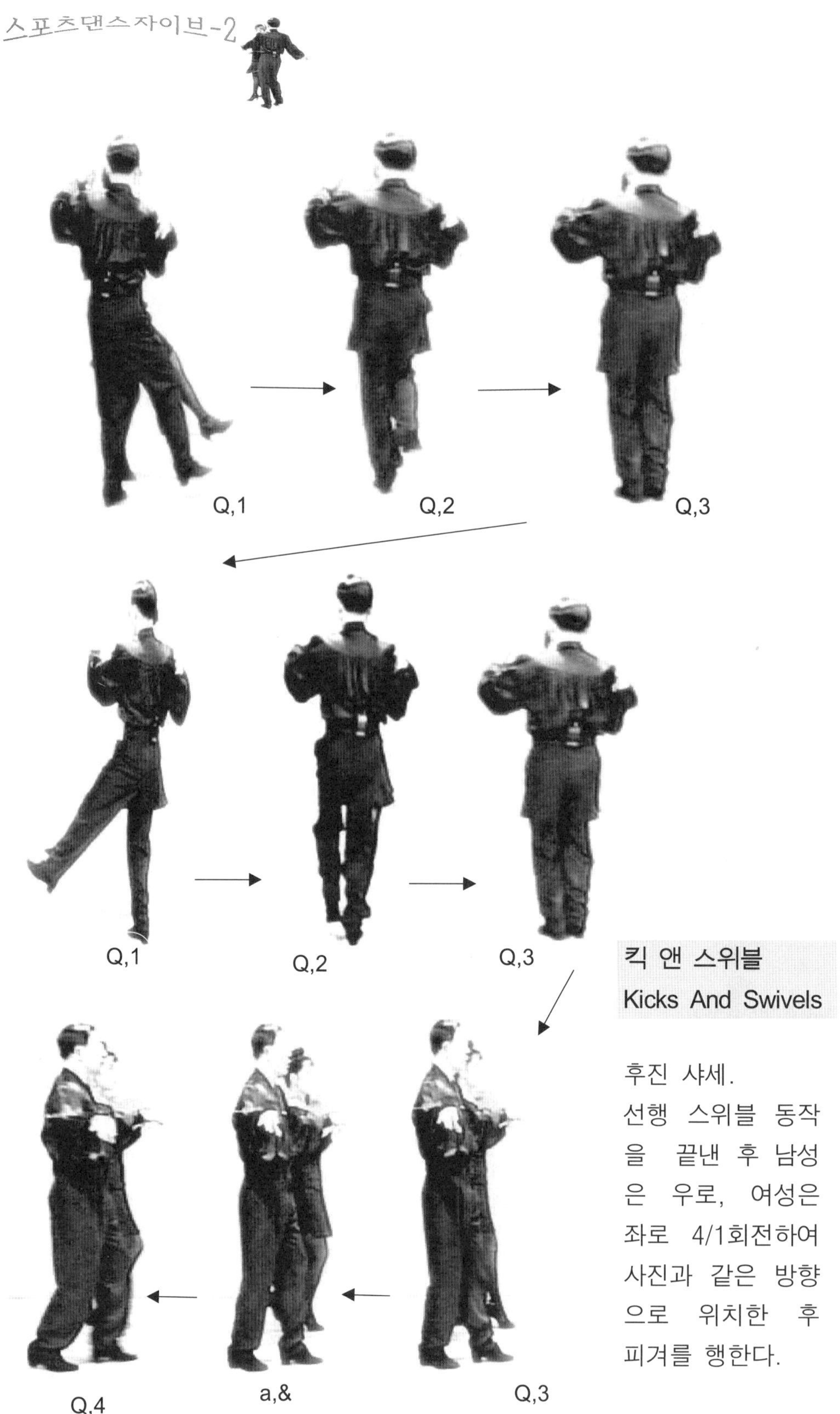

킥 앤 스위블
Kicks And Swivels

후진 샤세.
선행 스위블 동작
을 끝낸 후 남성
은 우로, 여성은
좌로 4/1회전하여
사진과 같은 방향
으로 위치한 후
피겨를 행한다.

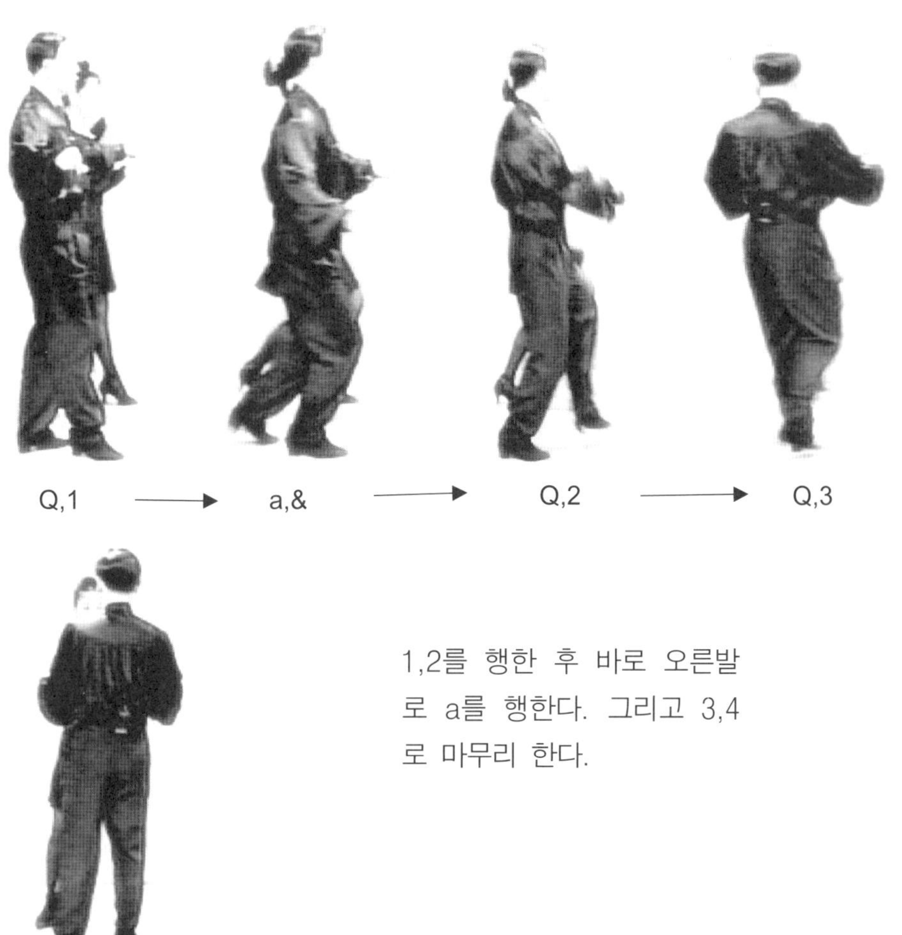

1,2를 행한 후 바로 오른발
로 a를 행한다. 그리고 3,4
로 마무리 한다.

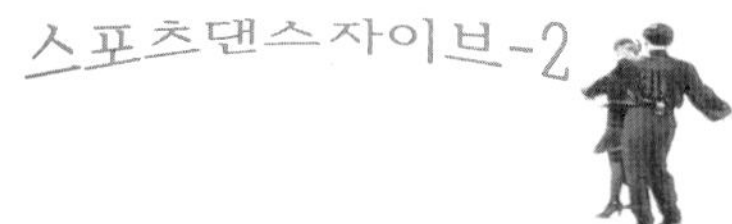

37 "Double Hold" Walks, Flick Swivels – 더블홀드 웍스, 흘릭 스위
블 1, 2 3&4 3&4 3&4 1, 2 3&4 3&4 3&4 1, 2 3&4 1, 2 3&4

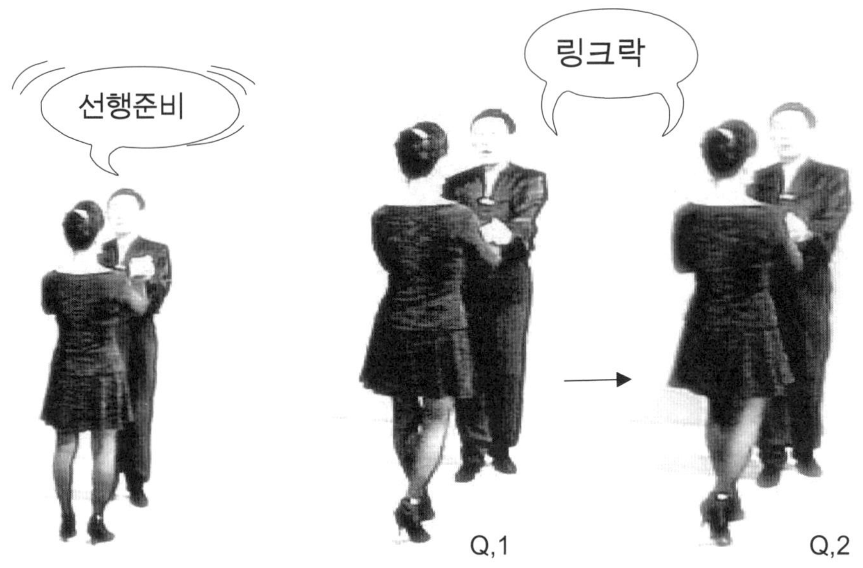

◉ Double Hold" Walks, -- 양손잡고 링크는 정면으로 시작.

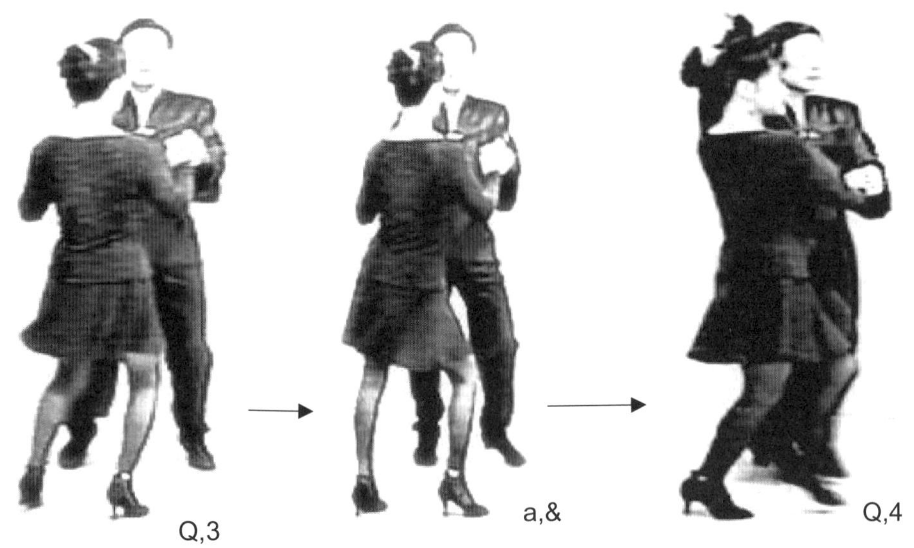

◉ 마주보고 시작하여 CPP 형태를 취한다.

Q,3　　　　　　　a,&　　　　　　　Q,4

◉ 포워드 샤세(Forward Chasse)—앞으로 전진하며 샤세.

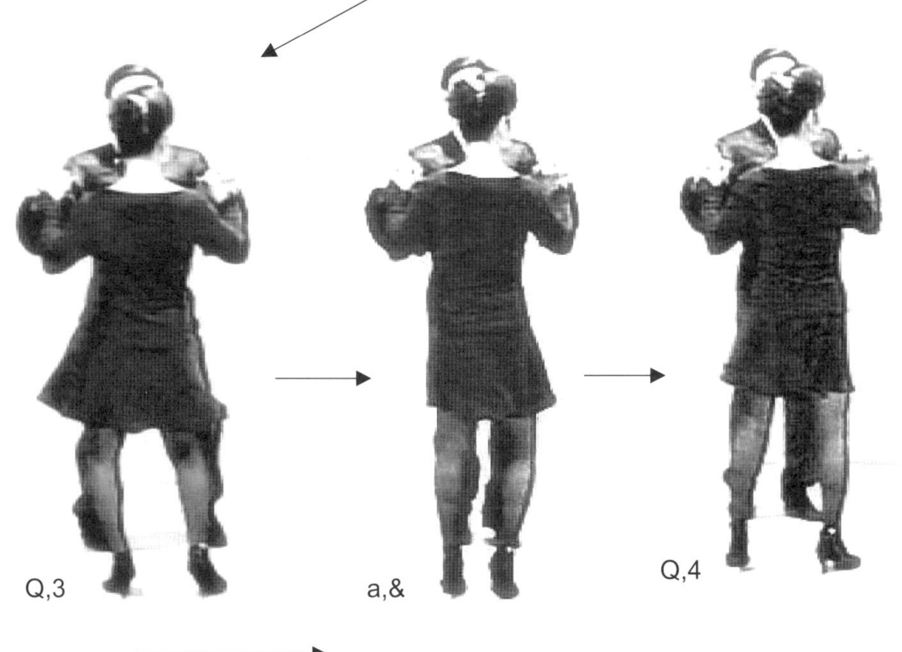

Q,3　　　　　　　a,&　　　　　　　Q,4

◉ 사이드 샤세—옆으로 샤세를 행한다.
◉ 3a4에서 브레이크는 4에서 행해진다.

플릭 스위블

Q,1   Q,2   Q,3

⬆ 1에서 킥, 2에서 여성 왼발을 오른발 앞에, 남성 오른발을 왼발 앞에 접
었다 편다.

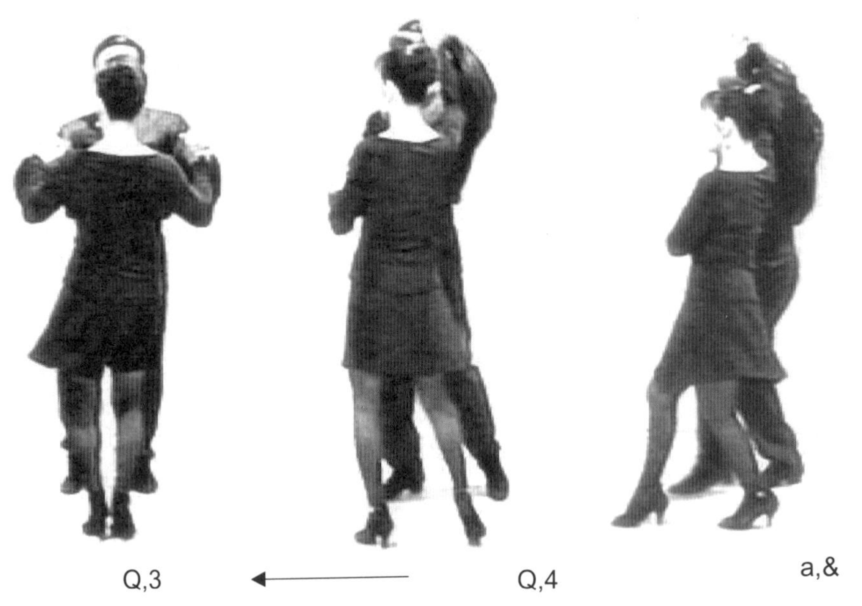

Q,3   Q,4   a,&

⬆ 남성 기준 왼쪽 C.P.P 자세 후에 정면을 향한다.(a에서 여성 왼발 볼
회전 방향을 바꾼다. 남성은 오른발)

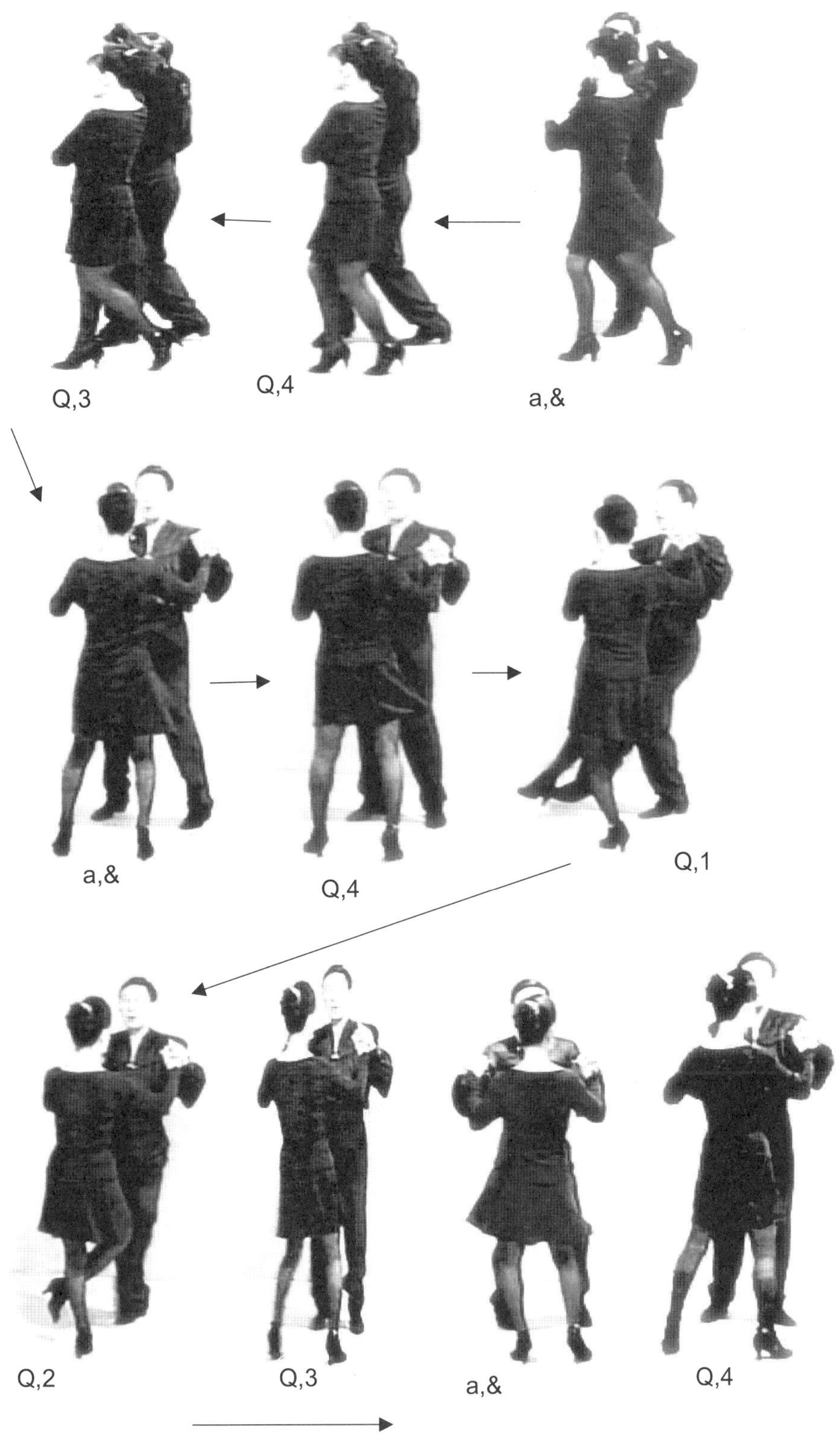

Q,3
Q,4
a,&
a,&
Q,4
Q,1
Q,2
Q,3
a,&
Q,4

Q,1
Q,2
Q,3
a,&
Q,4

38.

"One Way Street" - 원 웨이 스트리트
1, 2 3&4 3&4   1, 2 3&4   1, 2 3&4

피겨를 행하면서 곧바로 시작하기에 앞서 미리 준비 자세를 하고 행하기 마련
이다. 같은 자세를 위하는 경우도 있고 다른 자세를 취하기도 하는데 각각의
특성을 잘 분석하고 활용해야 한다.

선행 : Change Of Place   RtoL – 오른쪽에서 왼쪽으로 보내주기

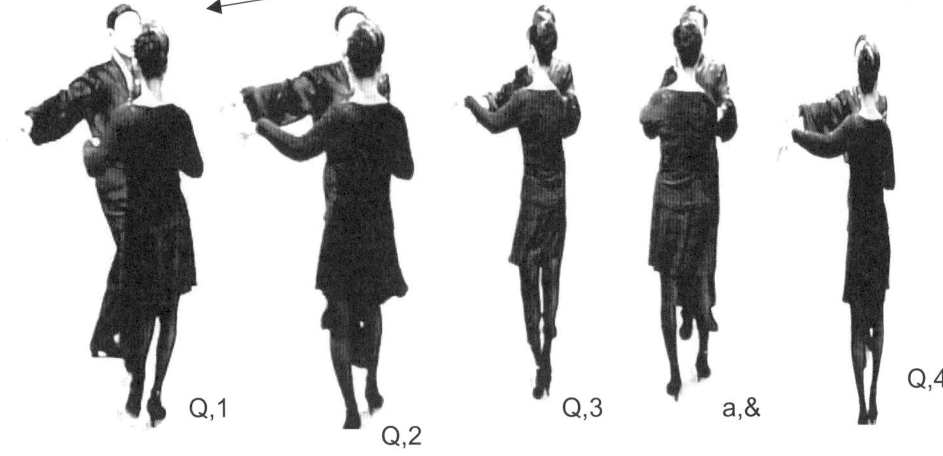
Q,3
a,&
Q,4
Q,1
선행피겨
실행피겨
Q,2
Q,3
a,&
Q,4
Q,1
Q,2
Q,3
a,&
Q,4

39.

Circling Chasse : Flicks : Swivels and Break.

서클링 샤세: 플릭: 스위블: 앤 브레이크

1,2 3&4 1,2 3&4 3&4 3&4 3&4 1,2,3,4 1,2,3,4

1,2,3 a 4 3&4 3&4

선행 : Whip(윕)을 선행하고 다른 휘겨를 연결한다.

Q,1　　　Q,2

Q,3　　　a,&　　　Q,4

◉ 샤세록을 사용하기도 한다.

◉ 샤세를 행하면서 회전을 한다.

◉ 4회 반복으로 사방향 동서남북이라 생각하면 된다.

◉ 1회전 한다.

◉ 스웨이(sway)를 사용해야 한다.

a,&

Q,4

Q,1

플릭, 스위블을 행한다.

Q,2

Q,3

Q,4

스위블

Q,1
Q,2
Q,3
Q,4
Q,1
브레이크 휘겨.
Q,2
Q,3
a,&   브레이크 동작.
Q,4

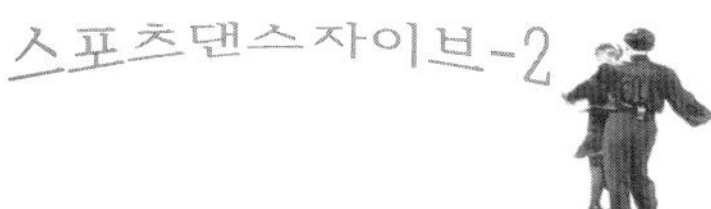

40.

Fallaway Zig Zag- 폴어웨이 지그재그 —----- 1,2,3,4

선행피겨, 폴어웨이 전반부를 행한 후 이어가기도 한다.

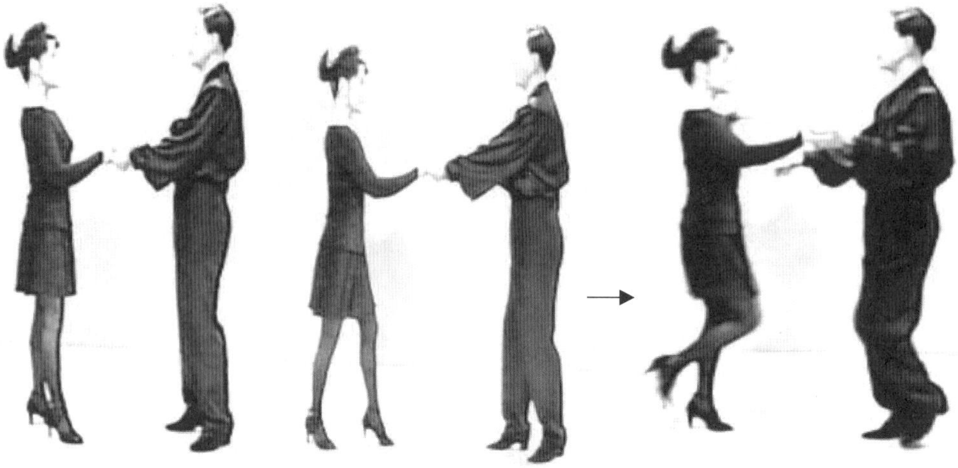

Q,1　　Q,2

Q,3　　a,&　　Q,4

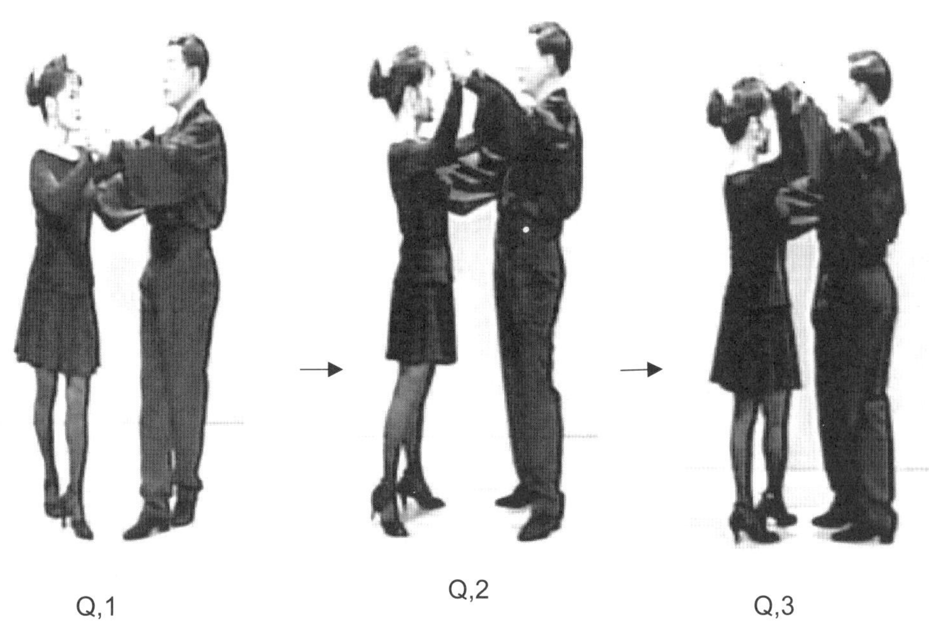

각각의 카운트는 "**Q**"으로 이어진다.

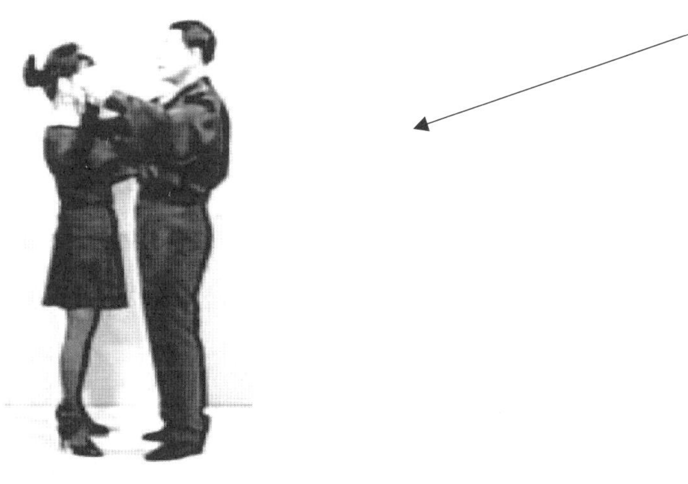

41.

Back to Kick – 백 투 킥

1,2 3&4 3&4 1,2,3,4,5,6,7,8 3&4 3&4

p p 형태로 진행.

Q,2

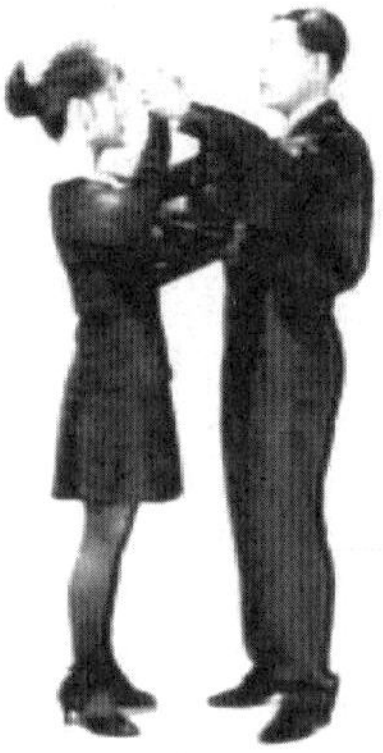

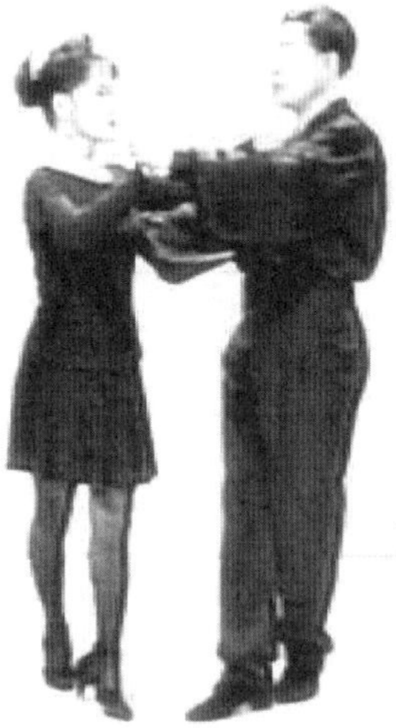

Q,1　1보 남성 왼발후진
여성 오른발 후진

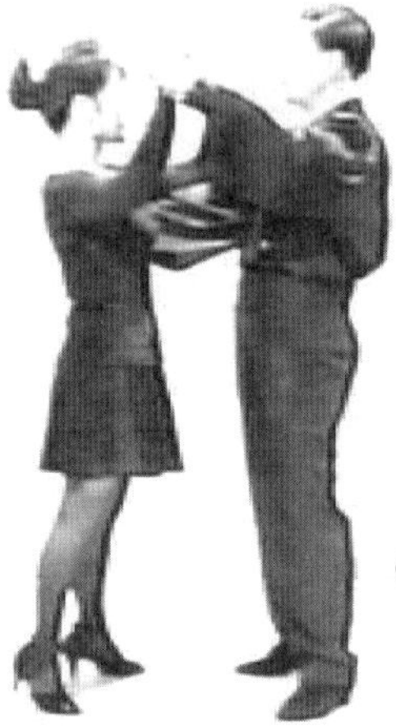

c p p 형태로 진행.

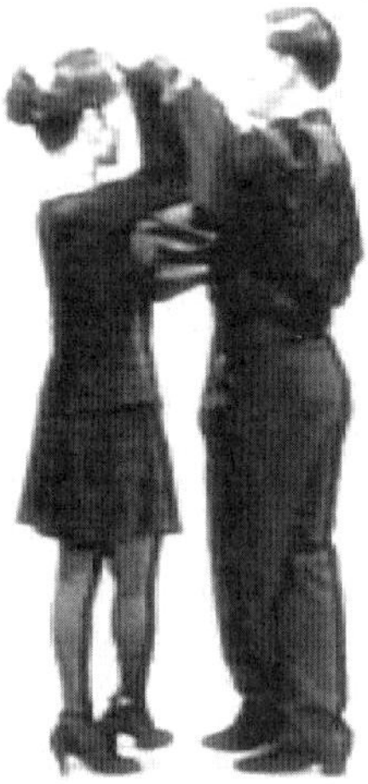

3보 남성 왼발전진
여성 오른발 전진　Q,3

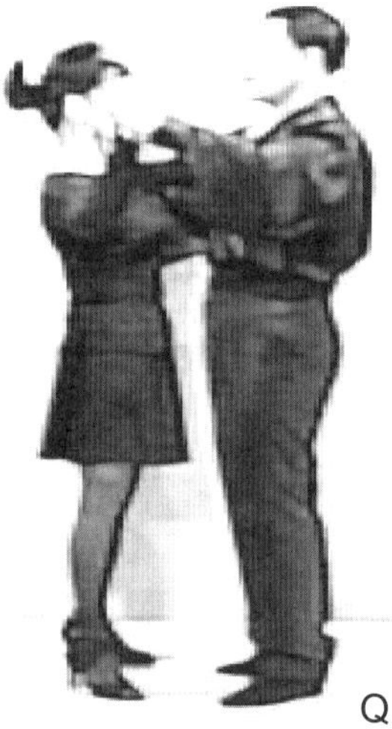

Q,4

선행휘겨 : Change of Place R to L, L to R

Q,1

Q,2

Q,3

a,&

Q,4

- 제자리 하듯 전진하면서 샤세를 행한다. 남성 왼손-여성 오른손, 남성 오른손 여성-왼손
- 여성과 남성은 샤세를 하면서 등을 맞대고 서로 킥 동작을 행하는 것이다. 서로 양손을 잡고 행한다. 킥을 행할 시 서로 잡은 팔에 힘의 강약 조절을 해야 한다. 손을 세게 잡으면 동작하기 어려워진다.

Q,3
a,&
Q,4
Q,1
Q,2
Q,3
Q,4
Q,5
Q,6

Q,7
Q,8
Q,4
a,&
Q,3
Q,4
a,&
Q,3

42. Reef knot – 리프 나트(노트)

1,2,3,4(여성1,2 3&4)3&4 / 1a2 3&4 1a2 3&4 1a2 3,4 3&4(여성3&4

3&4)[20]reef [21]knot   선행휘겨

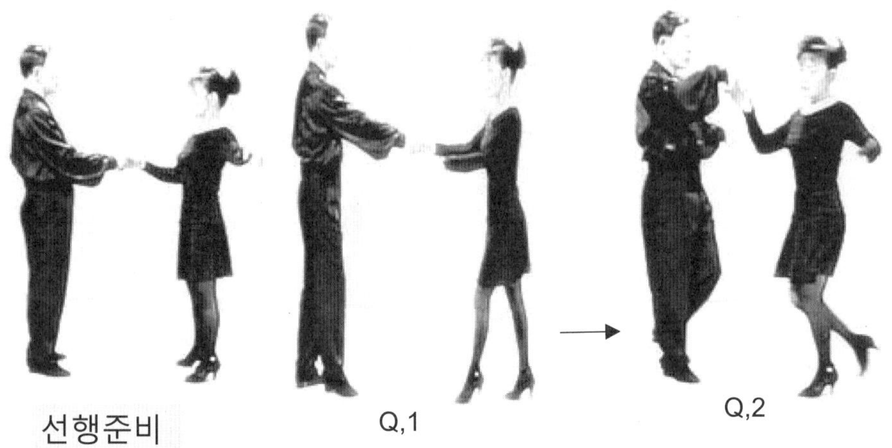

선행준비   Q,1   Q,2

⬆ 이 피겨는 리프나트를 행하기 위해 <u>선행 피겨</u>가 필요하다.

Q,3   a,&   Q,4

⬆<u>오픈 포지션</u>에서 R－R핸드 포지션에서 링크를 행한 후 여성을 좌
회전 시키면서 남성도 우회전을 하면서 여성의 오른손을 어깨로 하
고 왼손은 전면부를 향하도록 양손을 잡고 행한다. 피겨를 행하기 전
의 동작이 중요하다.(남여 카운트가 다름. 주의 요망.)

---

20) 돛을 말아 올려 줄일 수 있는 부분》.
21) 나비(꽃) 매듭, (견장 등의) 장식 매듭.

남성과 여
성은 "a"
에서 슬립
홉 동작을
한다.

8보

Q,3
a,&
Q,4

8보를 행한 후의 자세

Q,4

Q,1
a,&
Q,2

R-Chasse.

Q,3
a,&
Q,4

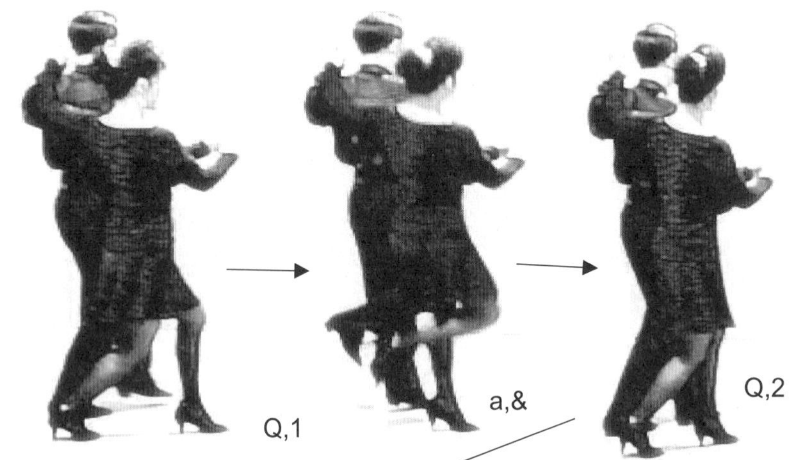

남성과 여성은 "a"에서 슬립 홉 동작을 한다.

Q,1   a,&   Q,2

슬립 홉(Slip Hop)-미끄러지듯 한 발로 깡충 뛰다.

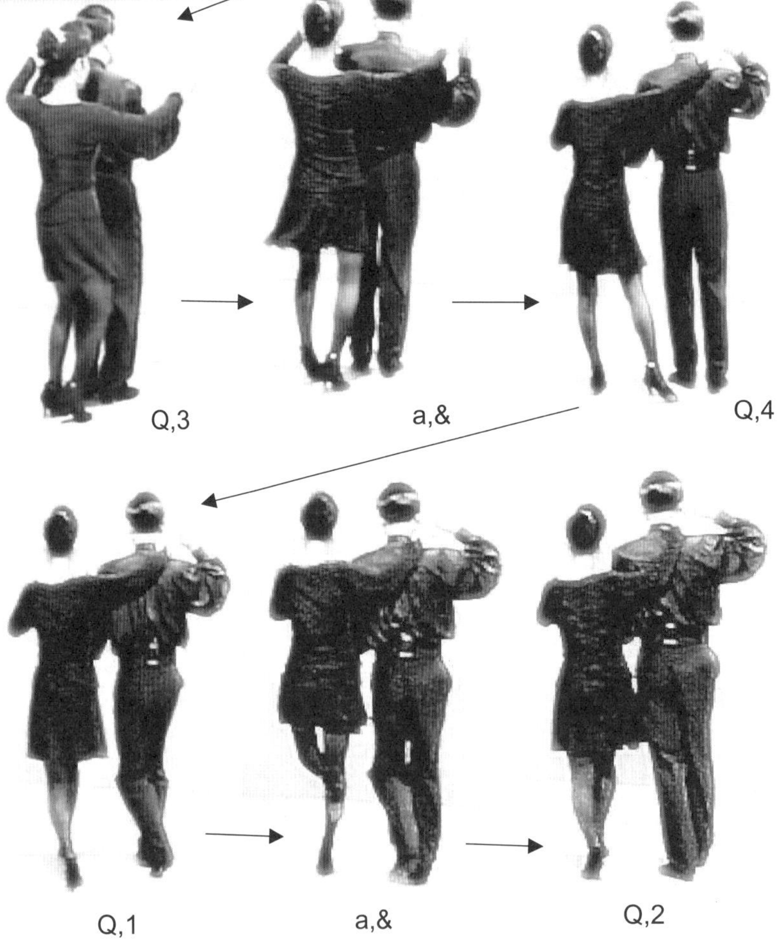

Q,3   a,&   Q,4

L-Chasse후 오른발 슬립홉 동작 (Slip-hop)

Q,1   a,&   Q,2

여성은 2번 샤
세를 행하면서
2회 회전을 하
도록 한다.
남성:3,4,3a4
여성:3a4 3a4

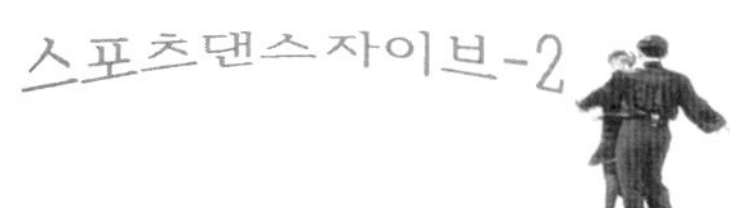

43. Stalk Walk in p.p & Cpp and Swivel Merengue Walk With Ladys Spin to Right – 스토크 워크 피피 앤 시피피 앤 스위블 메렝게 워크 위드 레디스 스핀.

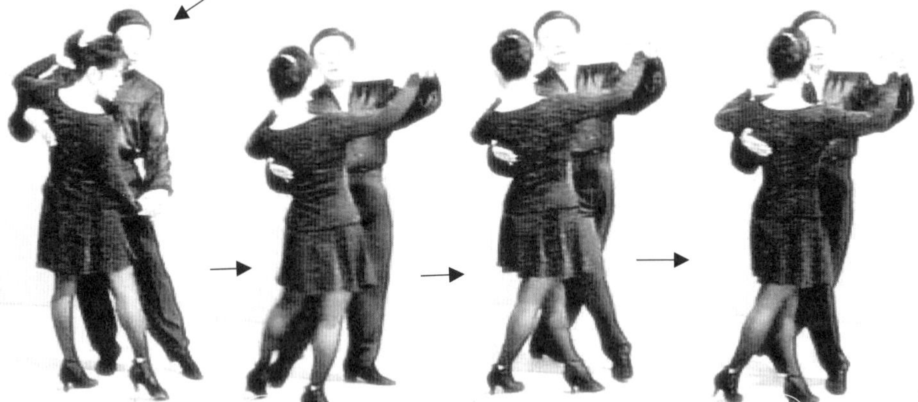

1,2 1234 1a2 12 1234 12 1234 1234

선행휘겨: 더블 웝을 행한 후 연결한다.⇨ 12 3a4 1234 3a4

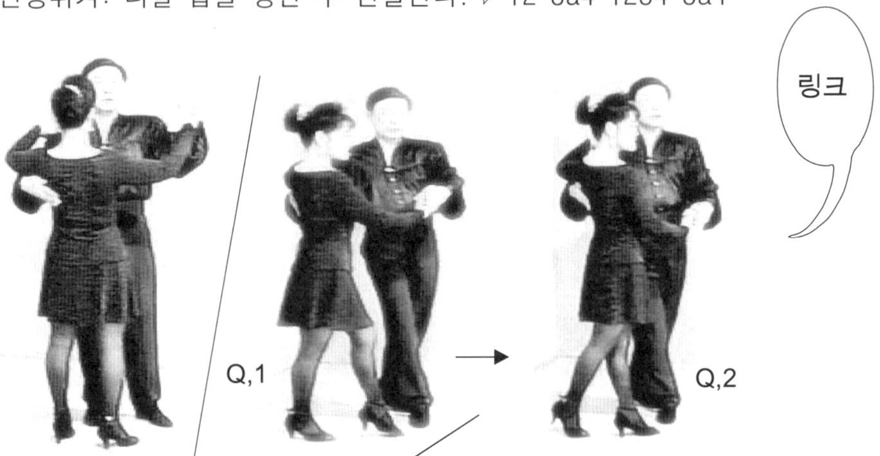

22)스토킹 워크 Stalking Walk

---

22)가느다란 버팀: 술잔의 길쭉한 굽: 높은 굴뚝: 【建】 줄기 모양의 장식.

오른쪽 샤세
R-Chasse
Q,3
a,&
Q,4
링크
Link
스토크 워크 인 시피피
Stalk Walk in Cpp
Q,1
Q,2
Q,1
Q,2
Q,3
Q,4

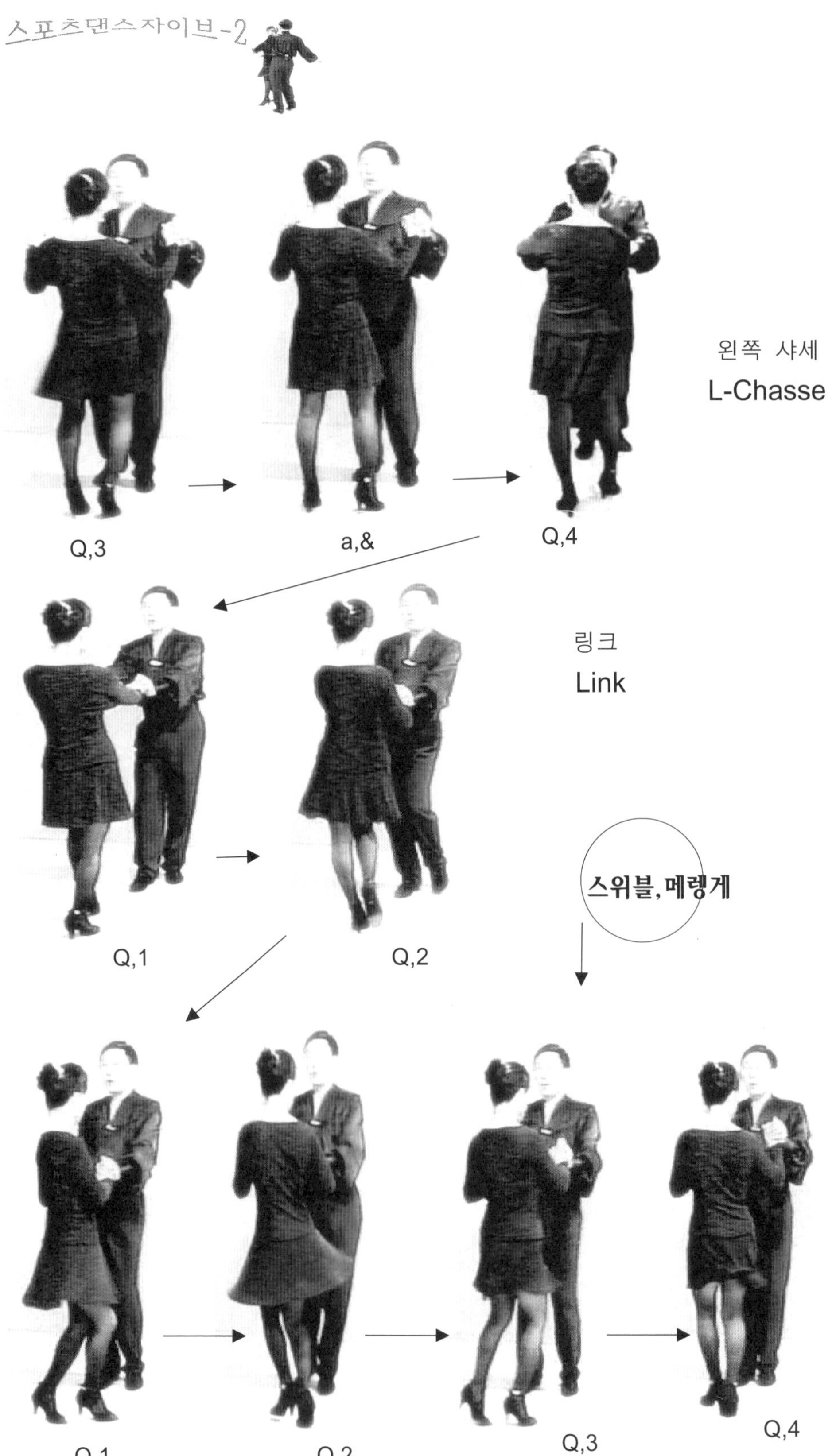
왼쪽 샤세
L-Chasse
Q,3
a,&
Q,4
링크
Link
Q,1
Q,2
스위블,메렝게
Q,1
Q,2
Q,3
Q,4

메렝게 워크 위드 레디스 스핀 투 라이트
Merengue Walk With Ladys Spin to Right

남성은 메렝게 워크를 행하고
여성은 2회 회전한다.(1234)

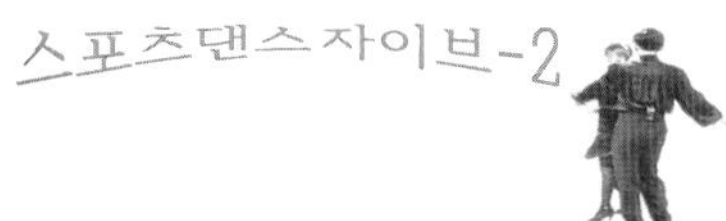

44.

Circle Walks and Stomp – 서클 웍스 앤 스톰프

1,2 3a4 1234 3a4 1,2 1234

선행 휘겨: 왼손 오픈 포지션에서 링크를 행한 후 연결한다.

Q,1 Q,2

Circle Walks – 서클 워크

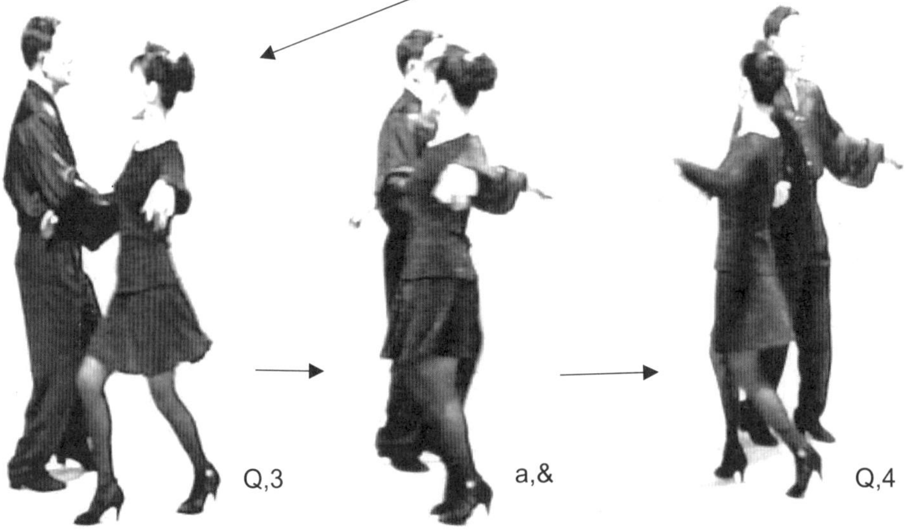

Q,3 a,& Q,4

⬆ 남성 : 오른팔 여성 : 오른팔

서로가 팔을 걸고, 원을 이루면서 홉동작 준비를 한다.

Circle Walks – 서클 워크

원을 이루며 홉, 4에서 분리된다.

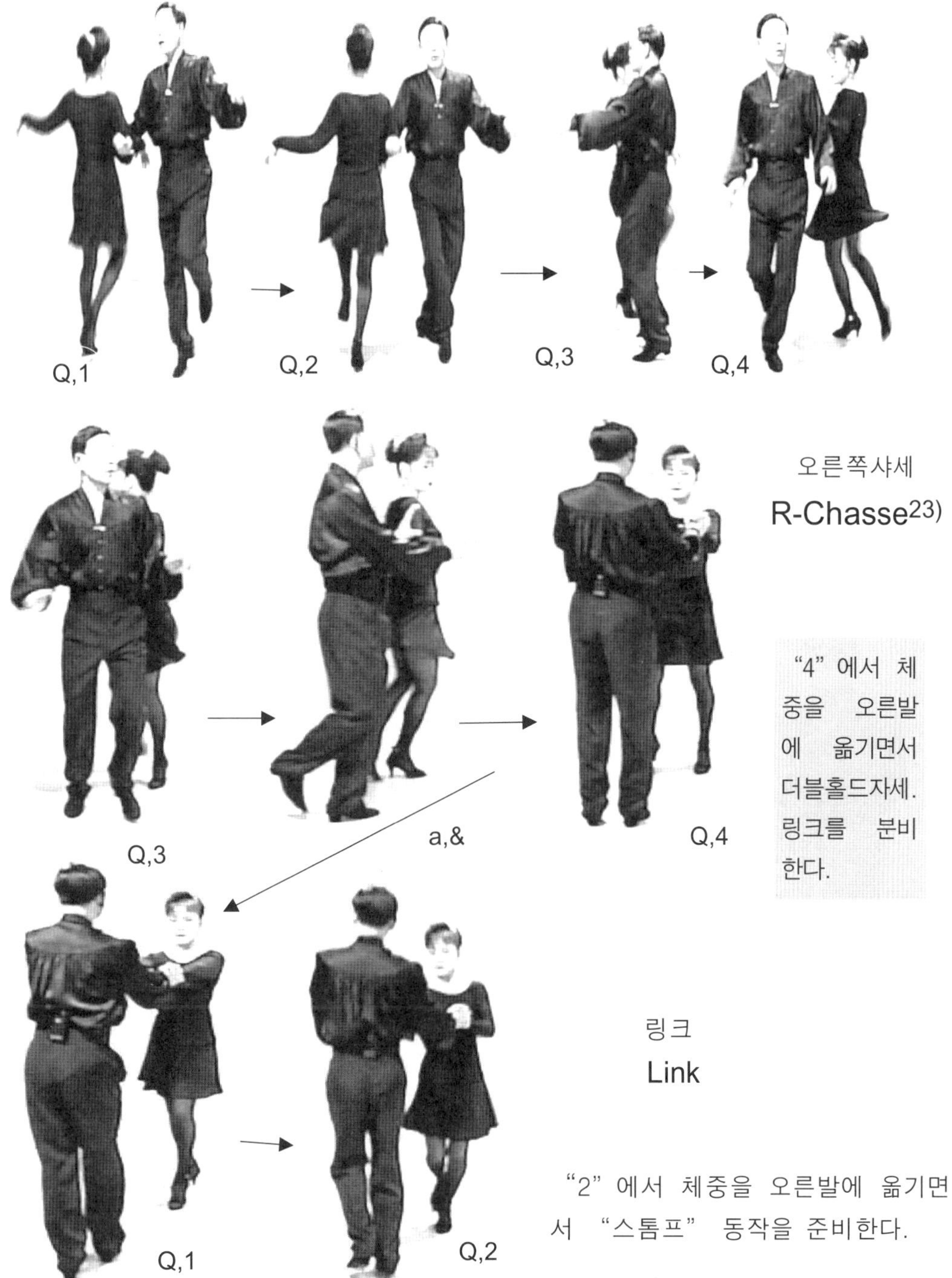

오른쪽샤세

R-Chasse[23]

"4"에서 체
중을 오른발
에 옮기면서
더블홀드자세.
링크를 분비
한다.

링크

Link

"2"에서 체중을 오른발에 옮기면
서 "스톰프" 동작을 준비한다.

---

23) 샤세《빠른 템포로 발을 끄는 스텝

24)Stomp - 스톰프

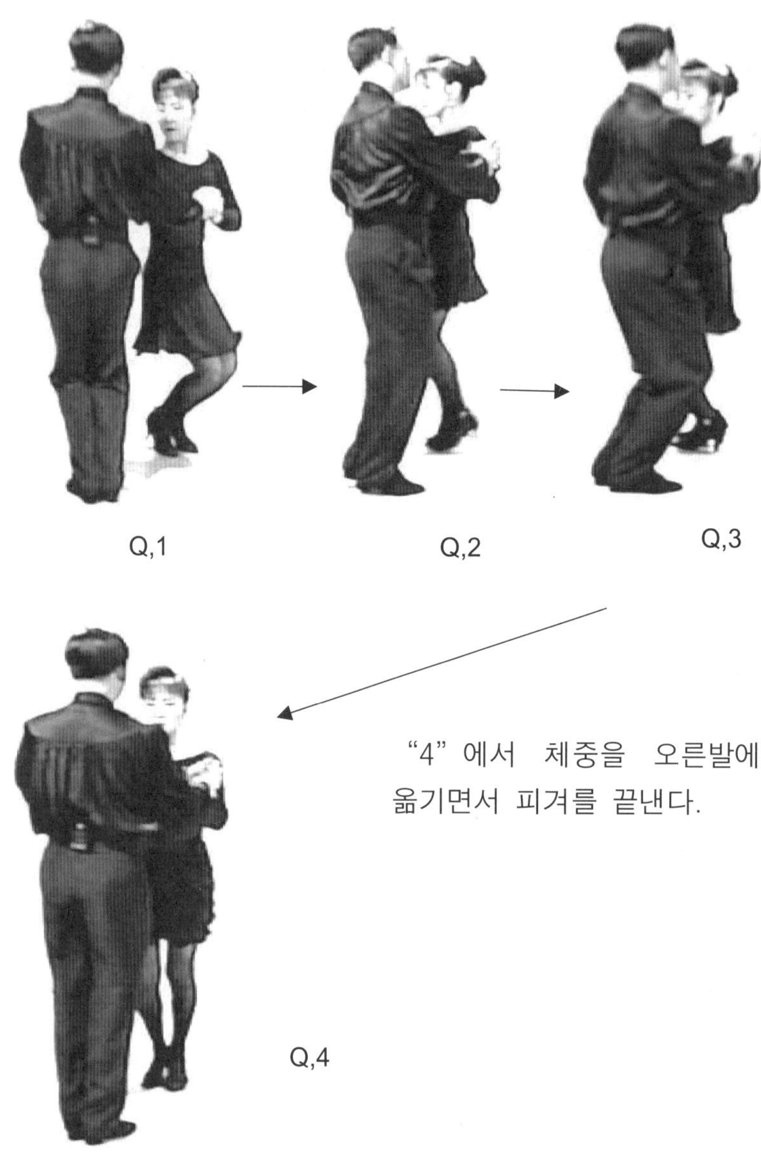

"4" 에서 체중을 오른발에
옮기면서 피겨를 끝낸다.

---

24) 발을 세게 구르는 재즈 춤(곡);《口》 발구르기(stamp).

45.

Spanish Hops – 스패니쉬 홉.

1,2 3a4 3a4 1a 2a 3a 4 1a2 3a4 1,2 3a4 1,2 3a4

☞ 선행휘겨 – 더블 홀드(오픈포지션 상태를 유지하면서.)

"롤링 오프 디 암"으로 시작.

　"3a4" 에서 여성의 왼손이 허리 뒤로 하여 오
른쪽에 있는 남성의 오른손을 잡고 오른손은
남성의 왼손을 잡는다.

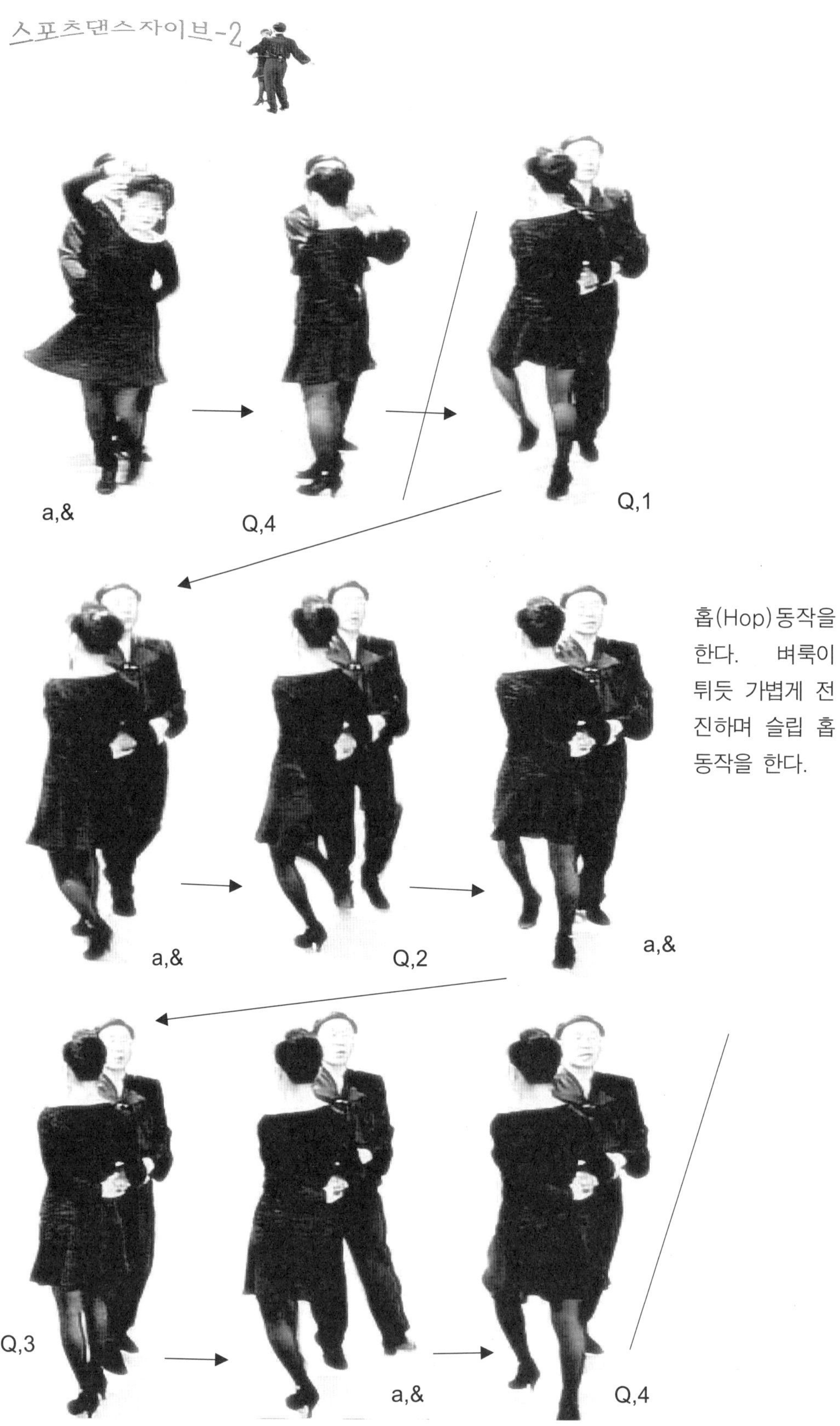

홉(Hop)동작을
한다. 벼룩이
튀듯 가볍게 전
진하며 슬립 홉
동작을 한다.

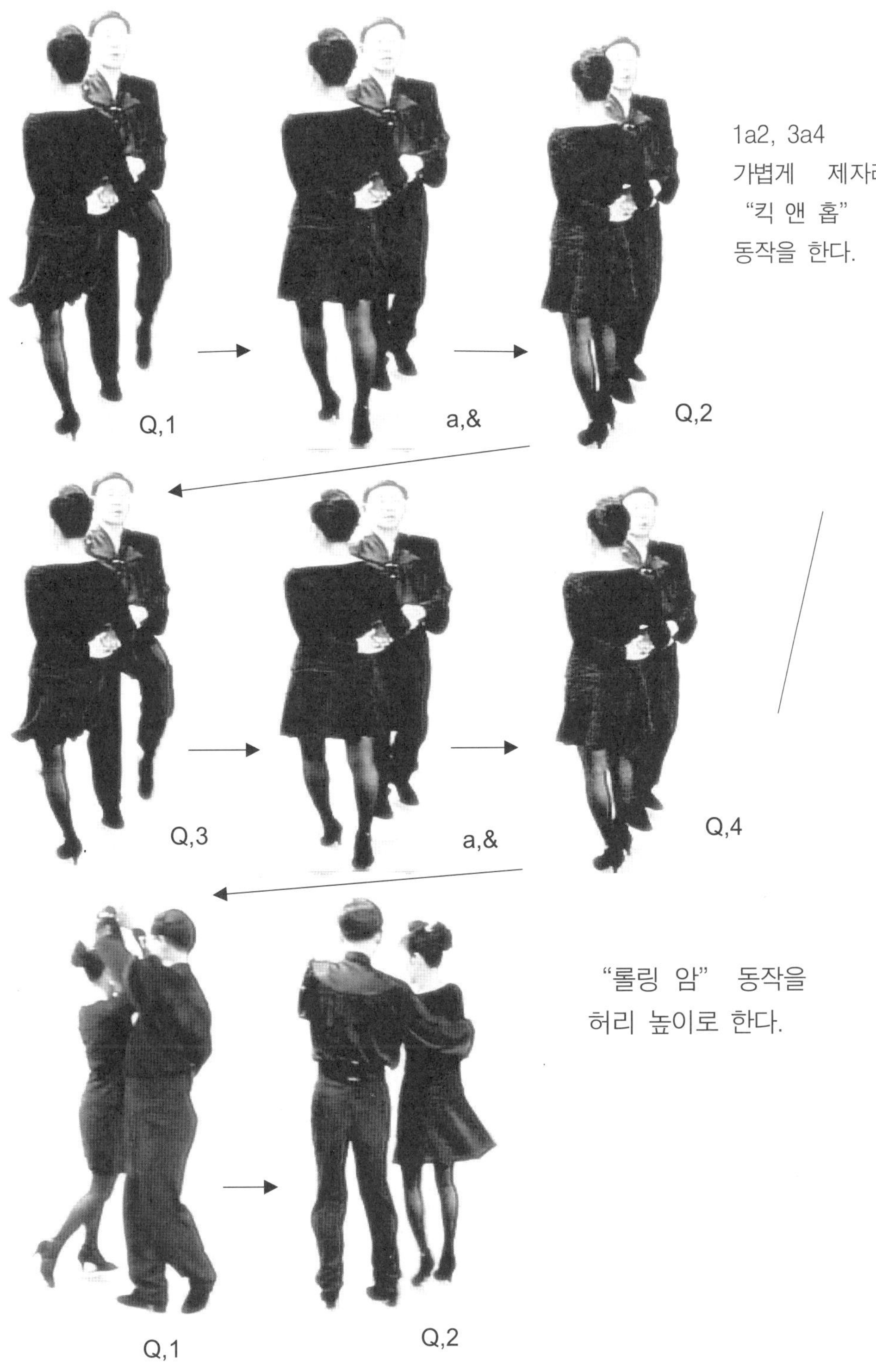

1a2, 3a4
가볍게   제자리
"킥 앤 홉"
동작을 한다.

"롤링 암" 동작을
허리 높이로 한다.

"3a4" 에서
감긴 팔을 풀어
준다. 4에서 여
성은 회전을 시
작한다.

"1,2" 에서 여성은 2
회전을 시작한다.
숙련자의 경우는 3a4에
서도 회전을 연속 행하
기도 한다.

46. Swivel : Fallaway Kicks and Drop points to Merengue Walks – 스위블 폴 어웨이 킥스 앤 드롭 포인트 투 메렝게 워크스 1,2 1,2 12345678 1234 1234 3a4 3a4

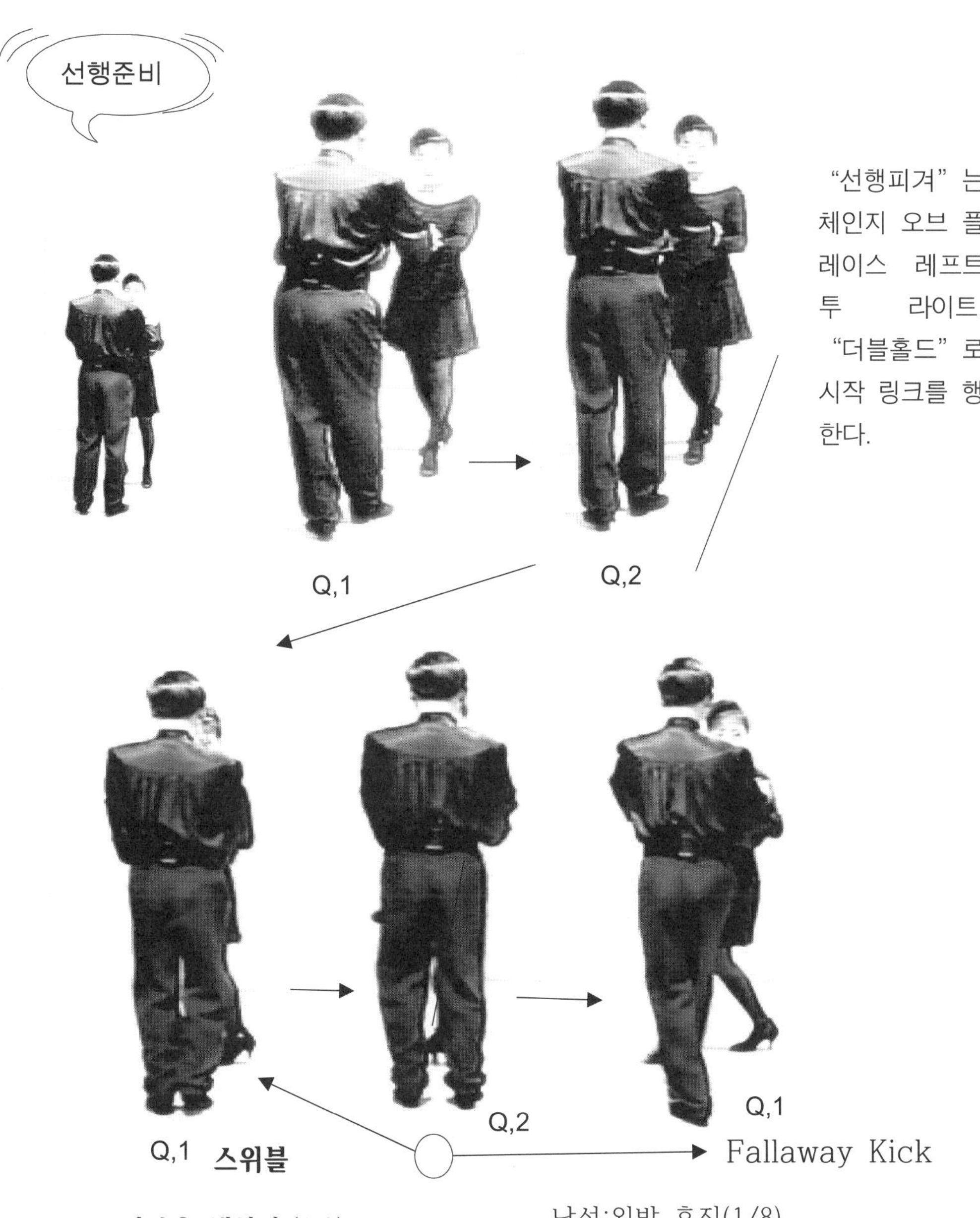

스위블을 행한다.(1,2)

남성:왼발 후진(1/8)
여성: 오른발후진(1/8)

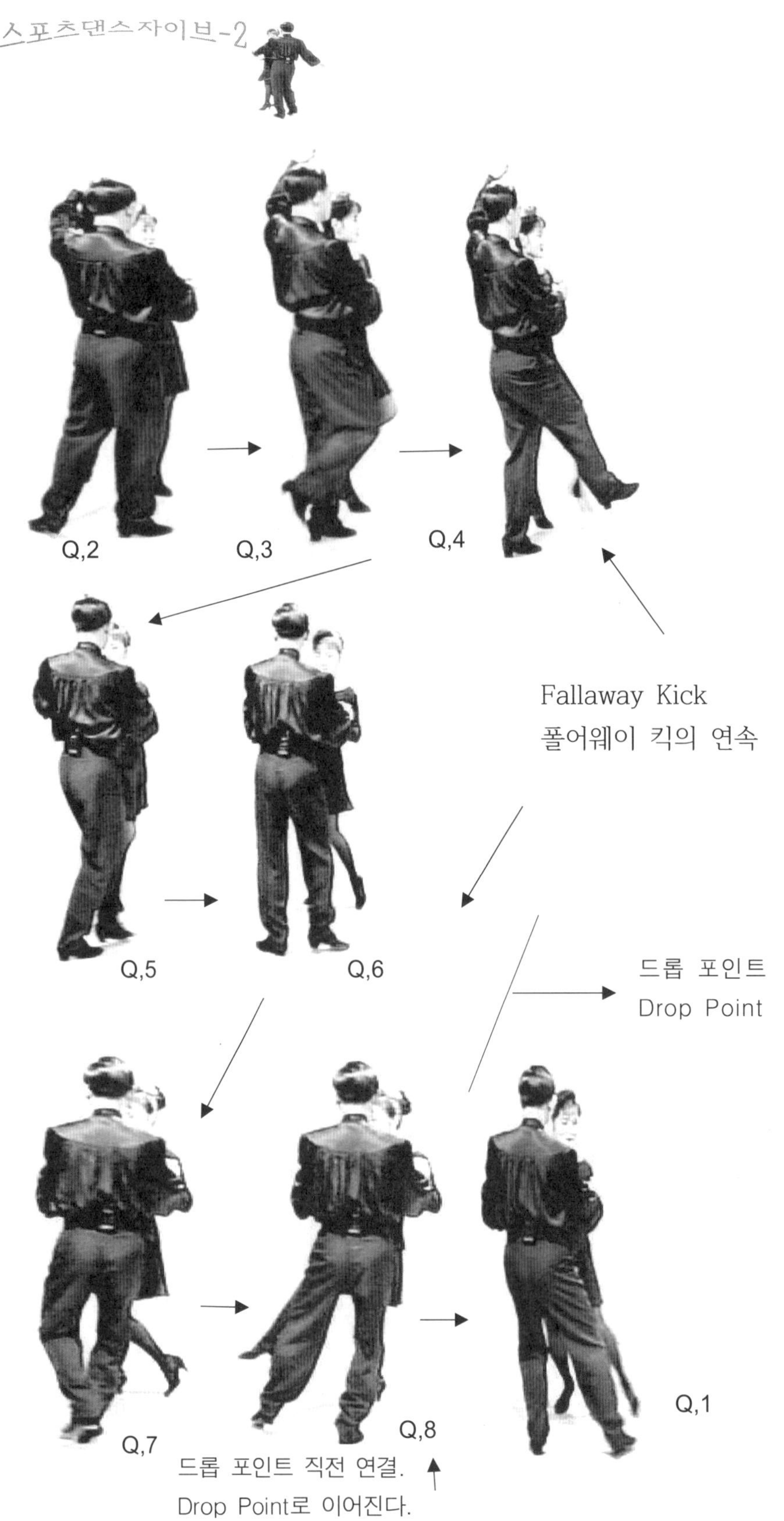

Q,2
Q,3
Q,4
Q,5
Q,6
Q,7
Q,8
Q,1
Fallaway Kick
폴어웨이 킥의 연속
드롭 포인트
Drop Point
드롭 포인트 직전 연결.
Drop Point로 이어진다.

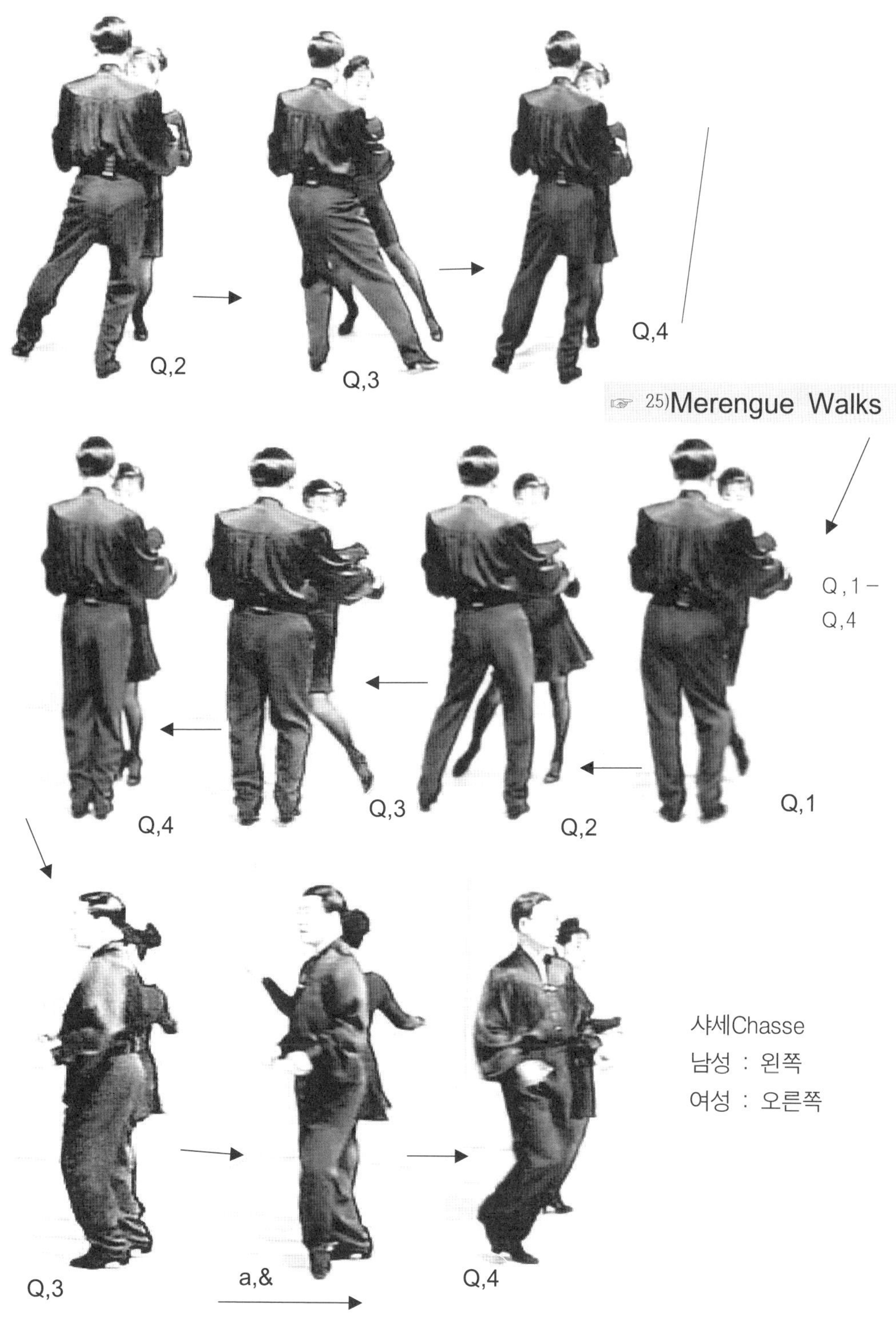

25) 메렝게 《아이티 · 도미니카의 무용; 또 그 곡》 (를 추다).

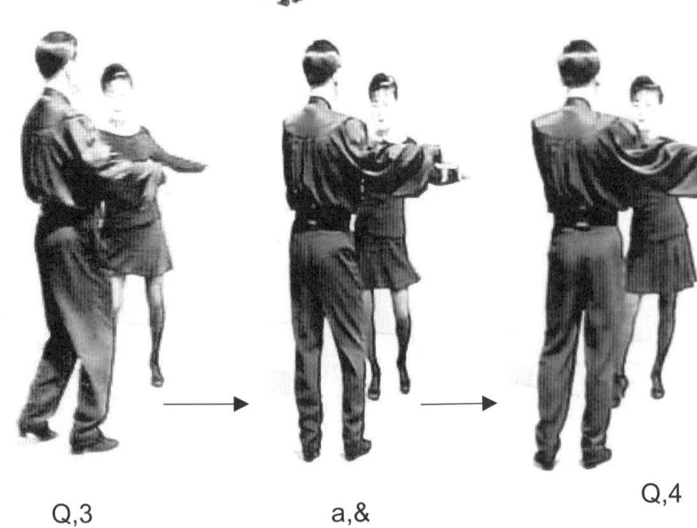

Q,3   a,&   Q,4

샤세Chasse
행하면서   정면으
로 마주본다.
여성:왼쪽
남성:오른쪽

47.

Hook Turn and Swivels Break – 훅 턴 앤 스위블 브레이크
12 a1 a2 34 5 a6 a7 8 12 3a4 56 7a8

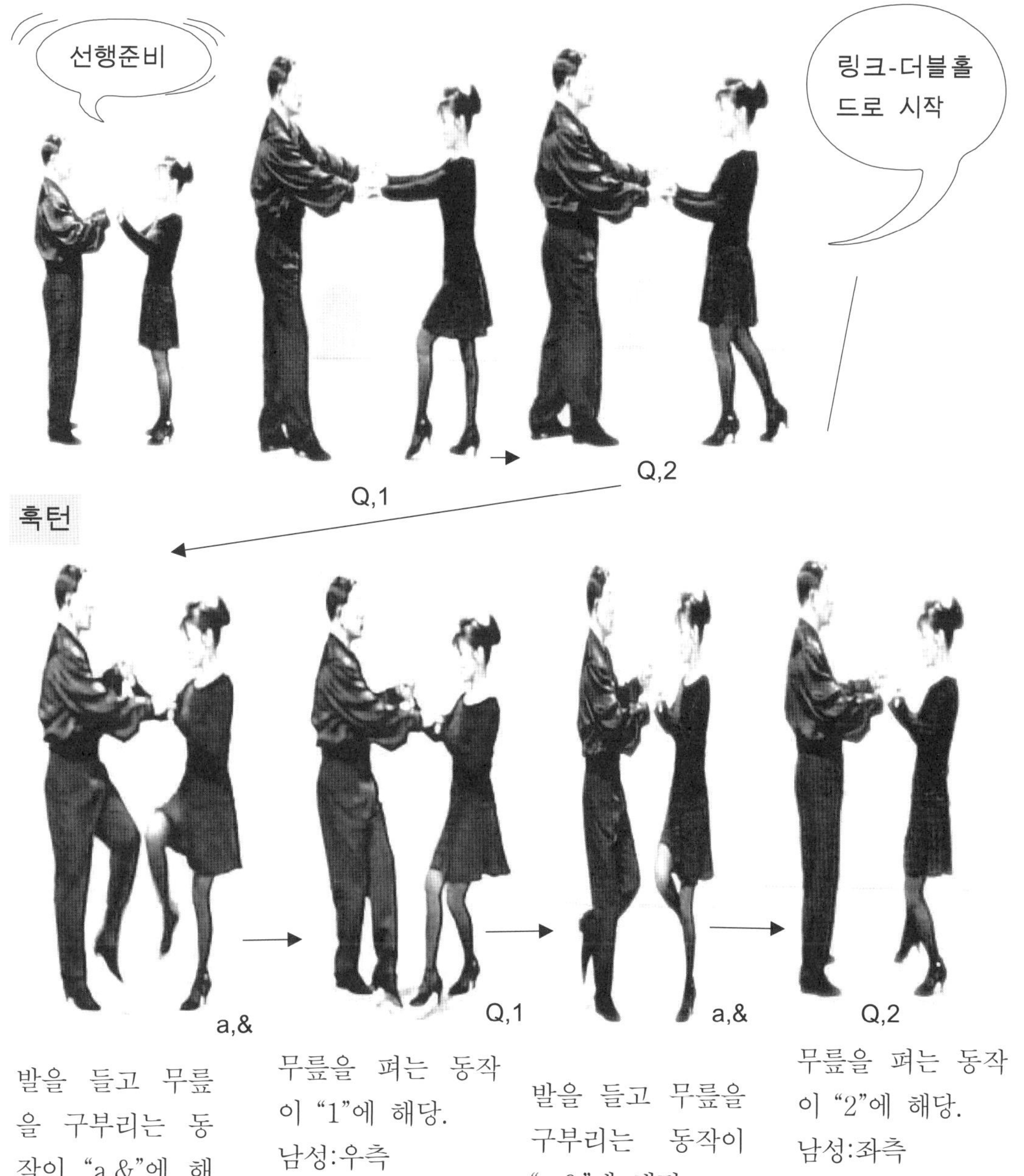

발을 들고 무릎을 구부리는 동작이 "a,&"에 해당.

무릎을 펴는 동작이 "1"에 해당.
남성:우측
여성:좌측

발을 들고 무릎을 구부리는 동작이 "a,&"에 해당.

무릎을 펴는 동작이 "2"에 해당.
남성:좌측
여성:우측

한번은 "좌측", 한번은 "우측"으로 하여 좌우를 행한다.

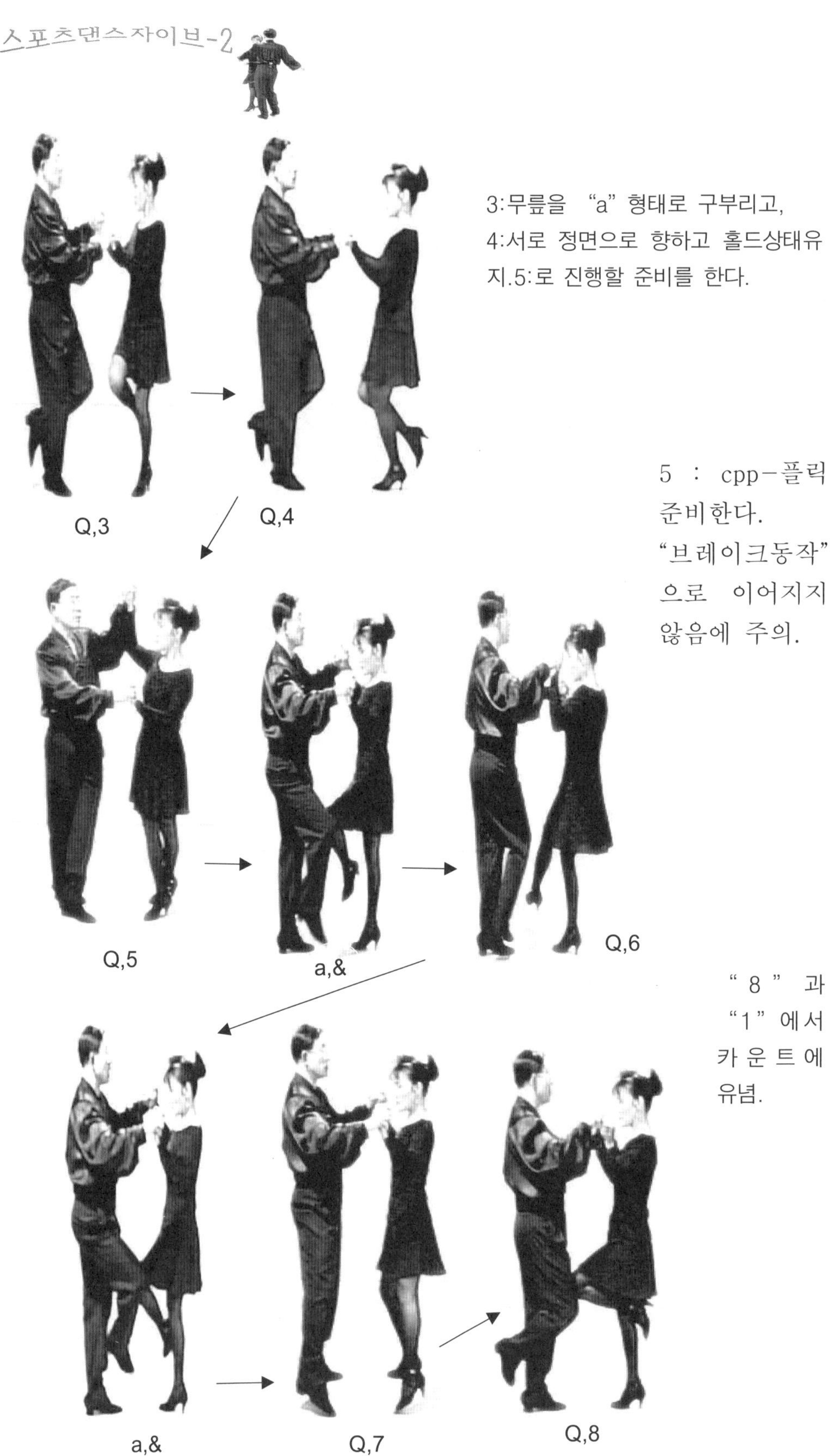

3:무릎을 "a" 형태로 구부리고,
4:서로 정면으로 향하고 홀드상태유
지.5:로 진행할 준비를 한다.

5 : cpp-플릭
준비한다.
"브레이크동작"
으로 이어지지
않음에 주의.

" 8 " 과
" 1 " 에서
카 운 트 에
유념.

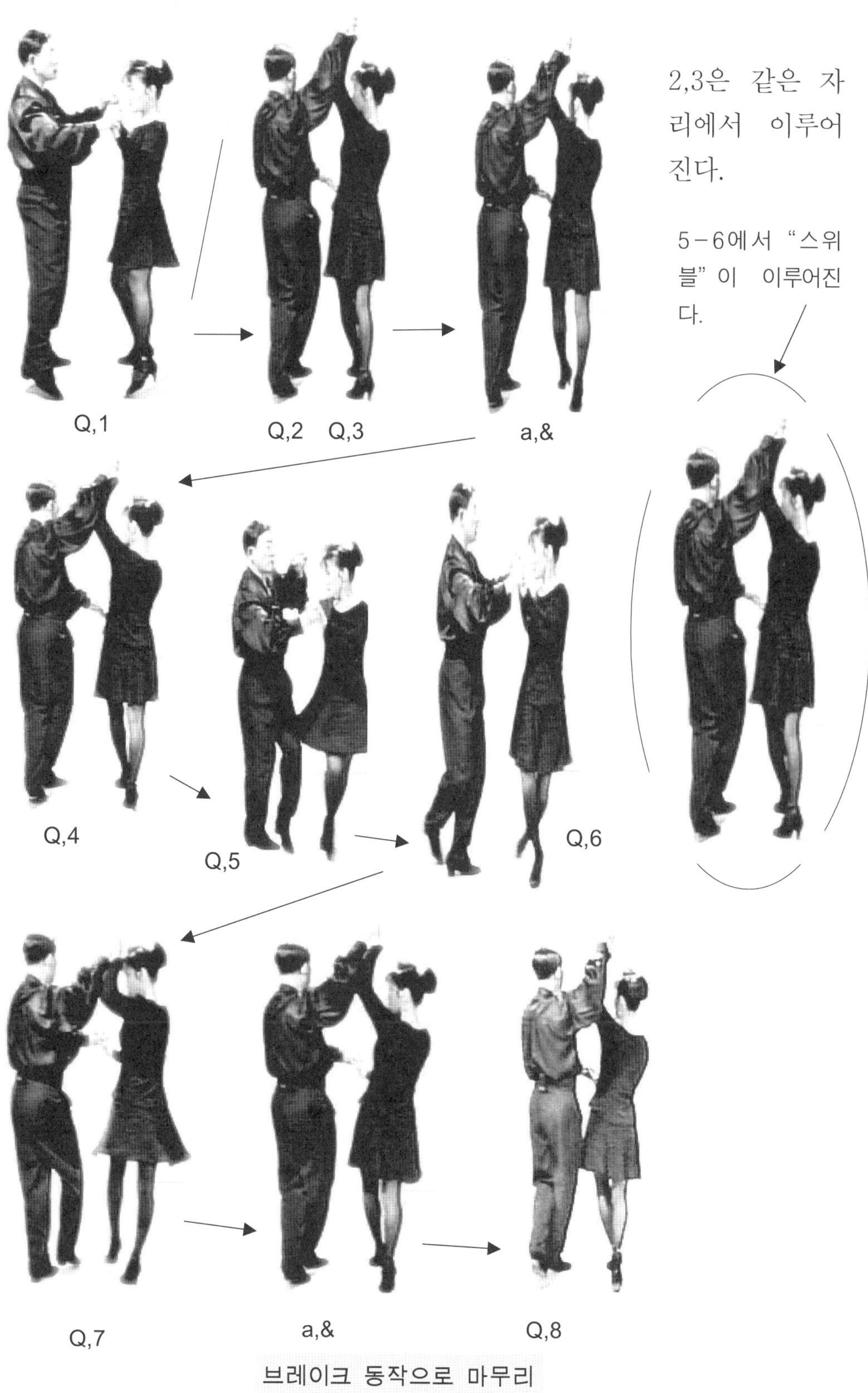

2,3은 같은 자리에서 이루어진다.

5-6에서 "스위블"이 이루어진다.

브레이크 동작으로 마무리

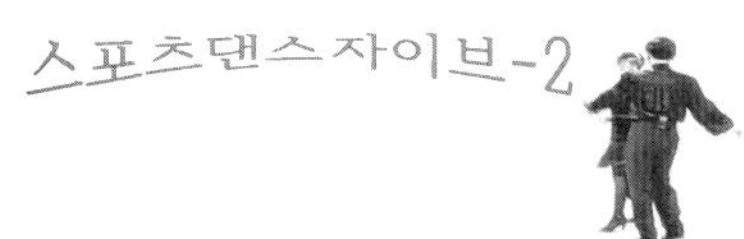

48 Shadow and chasses to L&R Chaleston Flicks : Forward Chasse

Syncopated Merengue Walks : Lunge Ladys jete –

섀도우 앤 샤세 투 레프트 투 레프트 앤 라이트 찰스톤 플릭스 :

포워드 샤세 신코페이티드 메렝게 워크 런지

12 34(여성3a4) 3a4 3a4 <u>a1 a2</u> 3a4 12a34 12a34

12 3a4(여성1a2a 3a4)   1,2가능

Q,1

Q,2

Q,3

a,&

Q,4

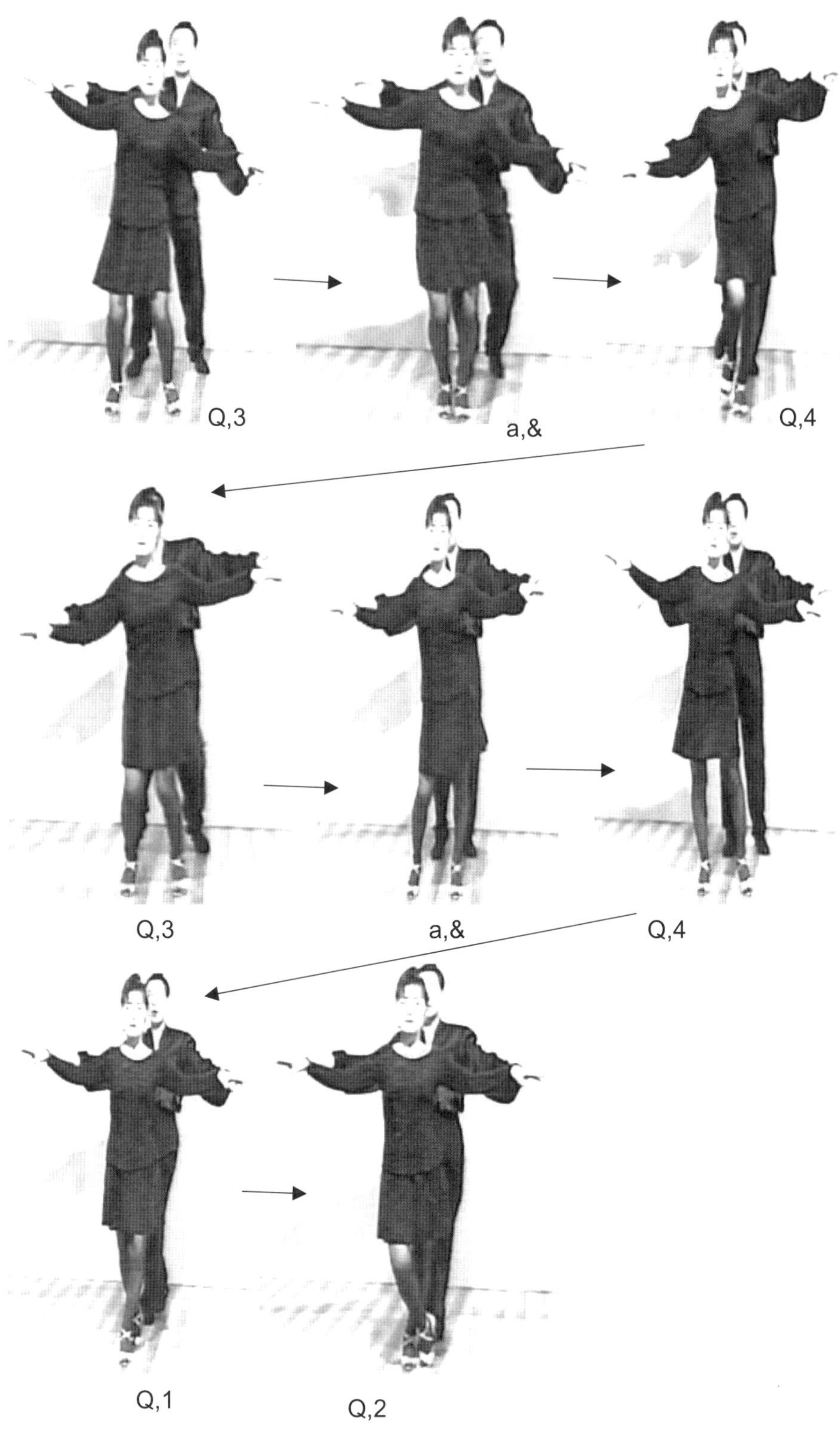

Q,3
a,&
Q,4
Q,3
a,&
Q,4
Q,1
Q,2

Q,3
a,&
Q,4
Q,1
Q,2
a,&
Q,3
Q,4
Q,1

Q,2
a,&
Q,3
Q,4
Q,1
a,&
Q,2
a,&

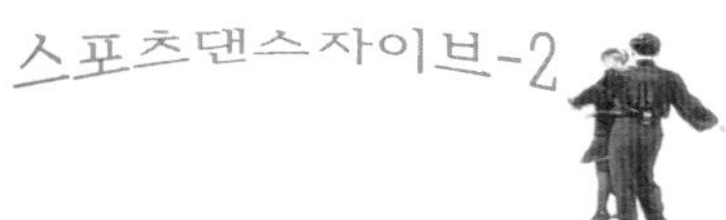

Q,3   a,&   Q,4

49.
Jive Walks, C.P.P & P P. Fallaway ,
Throwaway and Chicken Walks (Like a cortajaca).
자이브 워크, 시피피 앤 피피 폴어웨이
드로우어웨이 앤 치킨 워크(코르타자카)
12 3a4 3a4 12 3a4 3a4 12 3a4 3a4
12 3a4 12 3a4 123a4 3a4 s s 3a4 3a4 1234 3a4 3a4

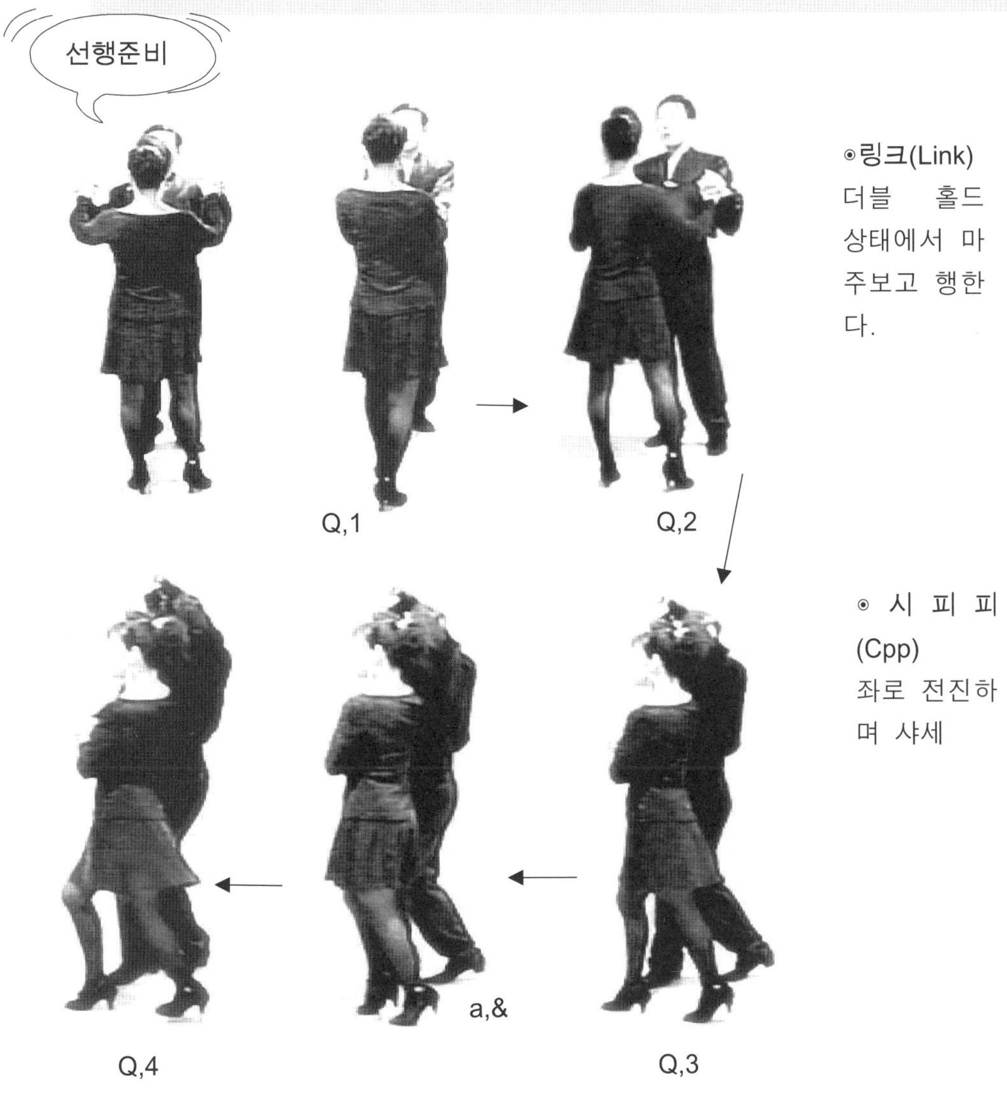

◉링크(Link)
더블 홀드 상태에서 마주보고 행한다.

◉ 시 피 피 (Cpp)
좌로 전진하며 샤세

◉샤세(Chasse)
좌로 샤세
(왼쪽으로 이동)

Q,4   a,&   Q,3

◉2보 워크
스위블 사용

Q,2   Q,1   cpp샤세 행하면서 pp샤세전환

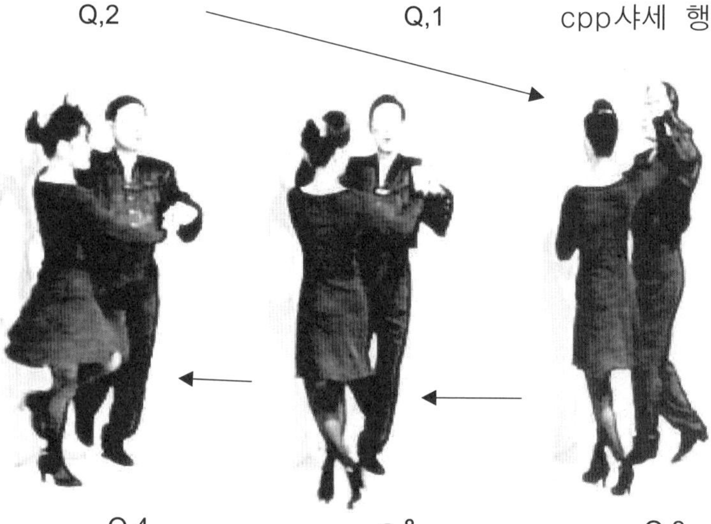

3a4 행하는 중 4
에서 우회전을 완
료한다.(오른발
스위블)

Q,4   a,&   Q,3

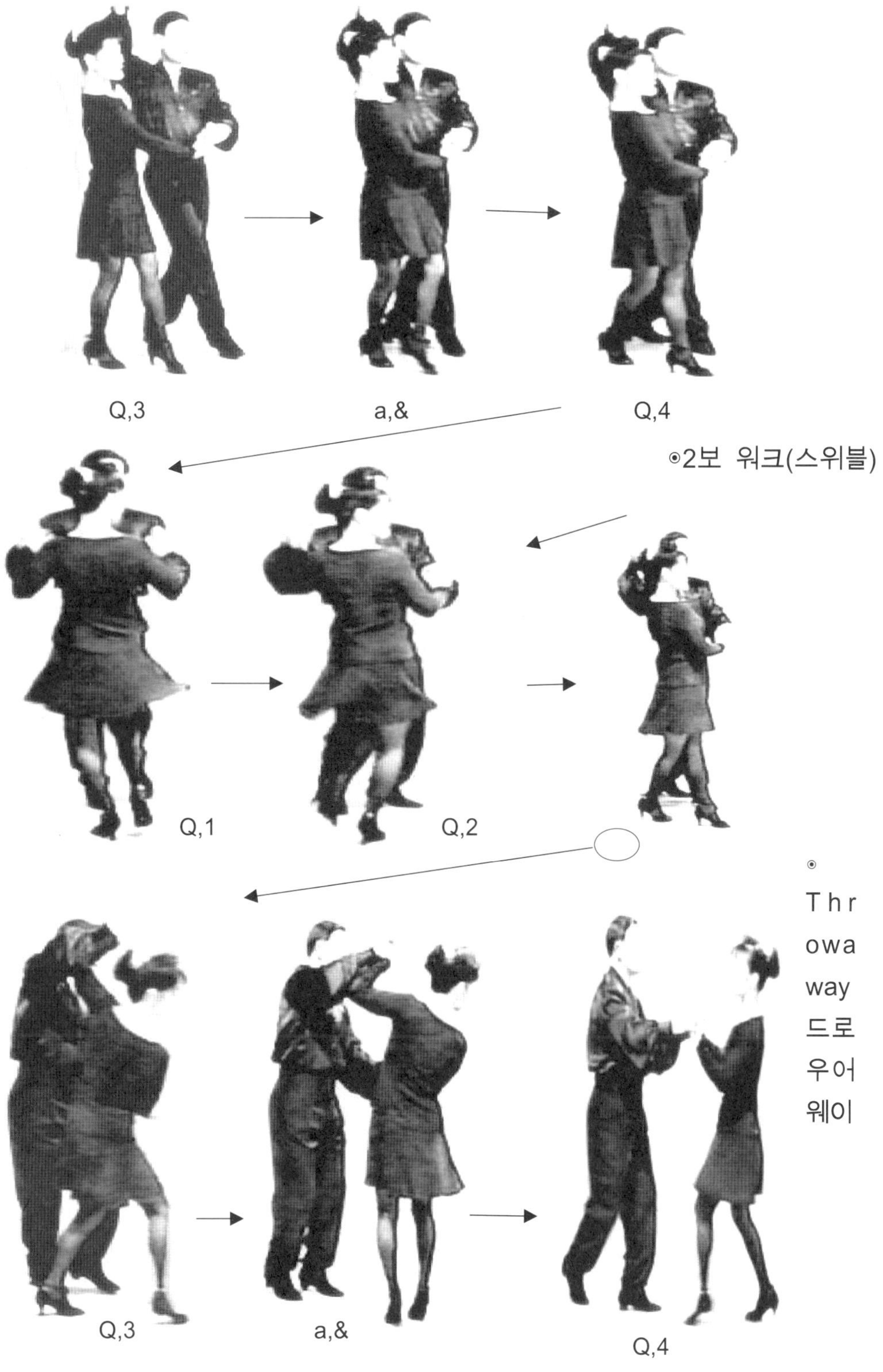
Q,3
a,&
Q,4
◉2보 워크(스위블)
Q,1
Q,2
◉
T h r
o w a
w a y
드 로
우 어
웨 이
Q,3
a,&
Q,4

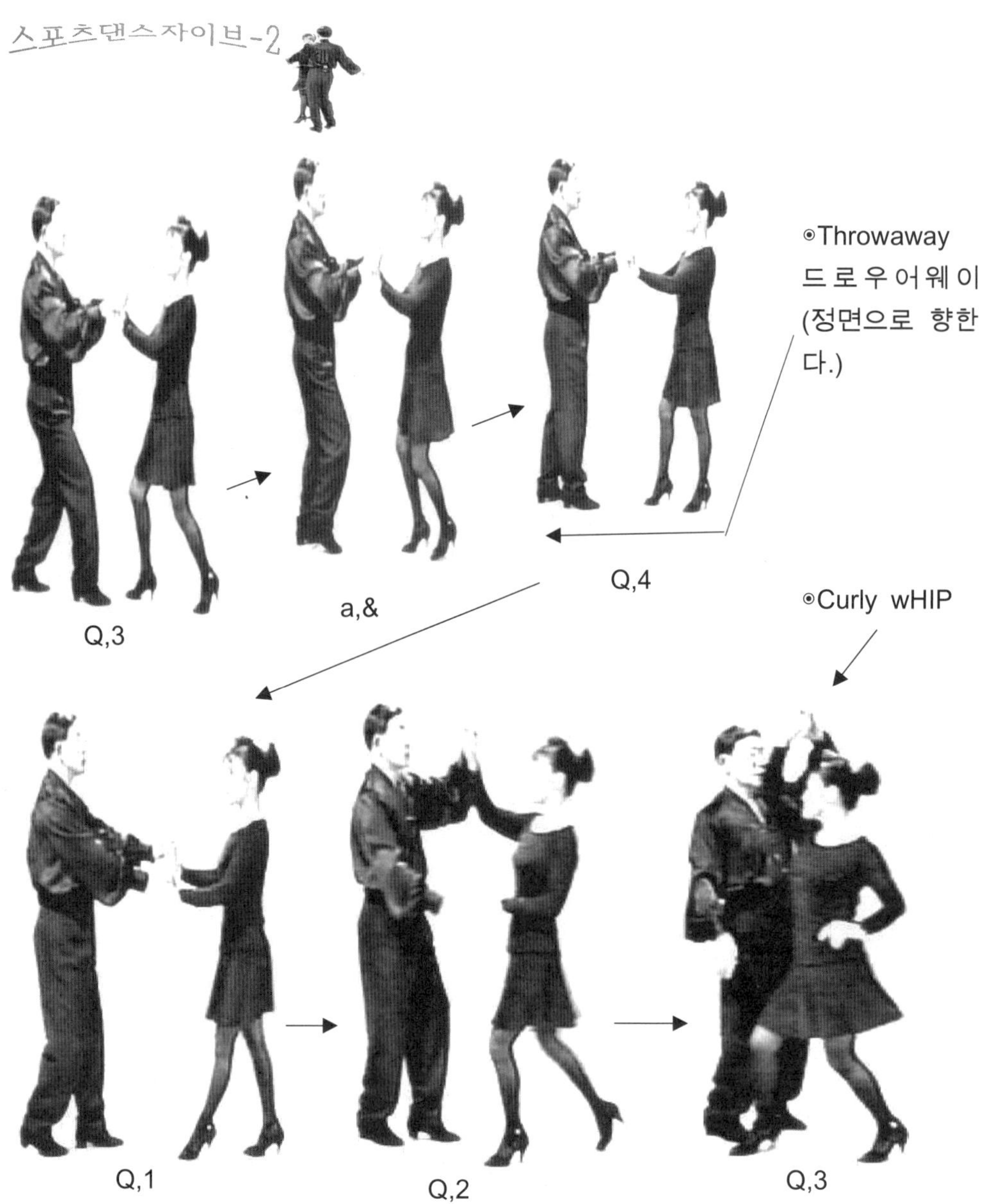
◉Throwaway
드 로 우 어 웨 이
(정면으로 향한
다.)
Q,4
a,&
Q,3
◉Curly wHIP
Q,1
Q,2
Q,3

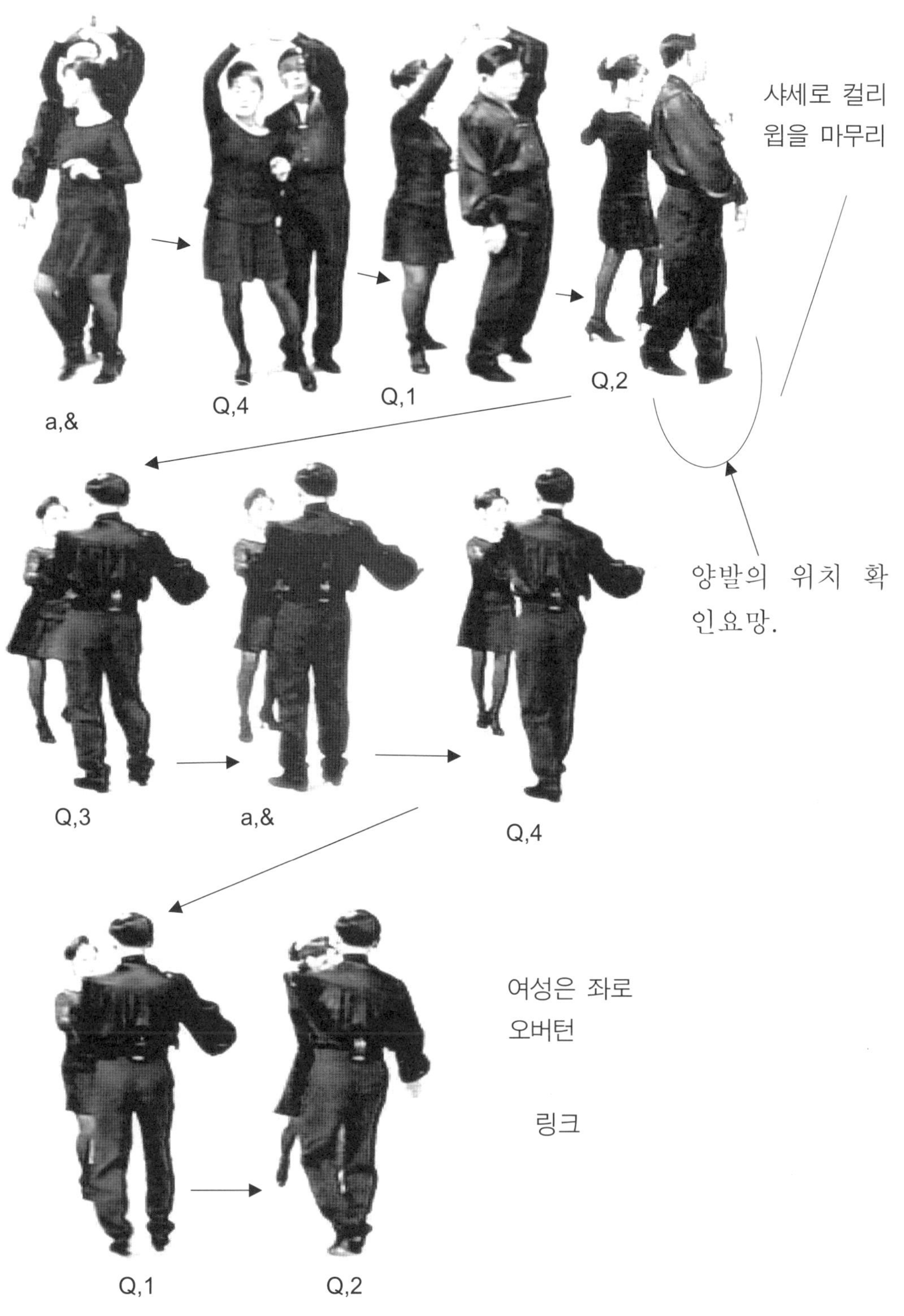
a,&
Q,4
Q,1
Q,2
Q,3
a,&
Q,4
Q,1
Q,2
샤세로 컬리
웝을 마무리
양발의 위치 확
인요망.
여성은 좌로
오버턴
링크

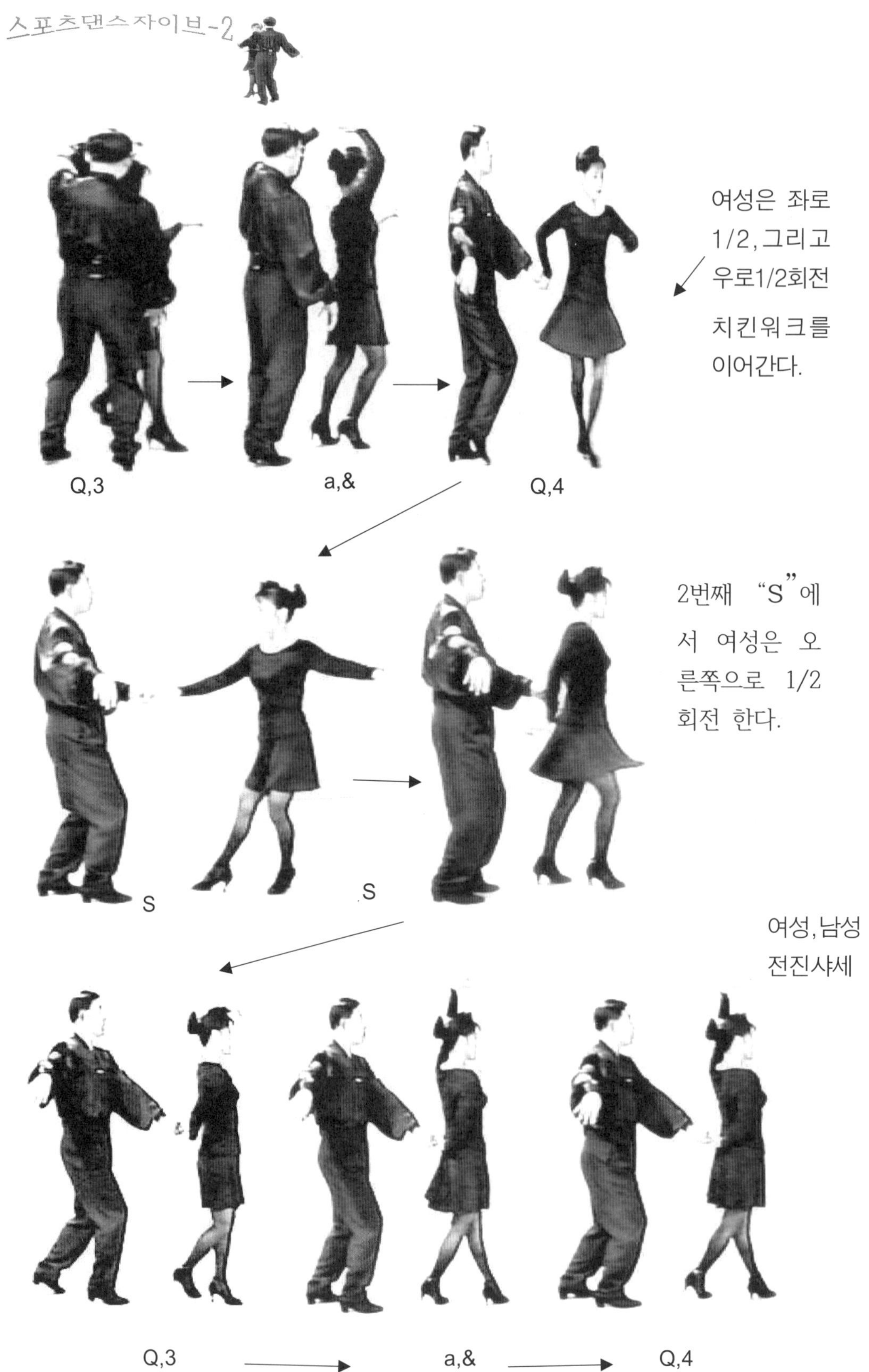

여성은 좌로
1/2, 그리고
우로1/2회전
치킨워크를
이어간다.

2번째 "S"에
서 여성은 오
른쪽으로 1/2
회전 한다.

여성,남성
전진샤세

여성 우로 1/2회전 하며 스위
블 위크를 행한다.1234

여성, 남성 폴 어웨
이 샤세 2회하며 피
겨를 끝낸다.

a,   Q,4   Q,3

a,&

Q,4

오픈페이싱　포지션으로
마무리한다.

50 Fallaway rock with spin for lady into-R Shadow walks solo
turn, The Backward walks, The crossing swivels, Flick ball
change chasse Forward, Madison kick and syncopated fallaway
throwaway폴어웨이 록 위드 스핀 포 래디 인투-라이트 새도우
워크 솔로턴,백 워드 워크, 더 크로씽 스위블, 플릭 볼 체인지
샤세 포워드, 메디슨 킥 앤 신코페이티드 폴 어웨이 드로우어웨이
12 3a4 3a4 12 3a4 3a4 1234 3a4 3a4
1234   12345678 1a2 3a4 12 3a4 3a4

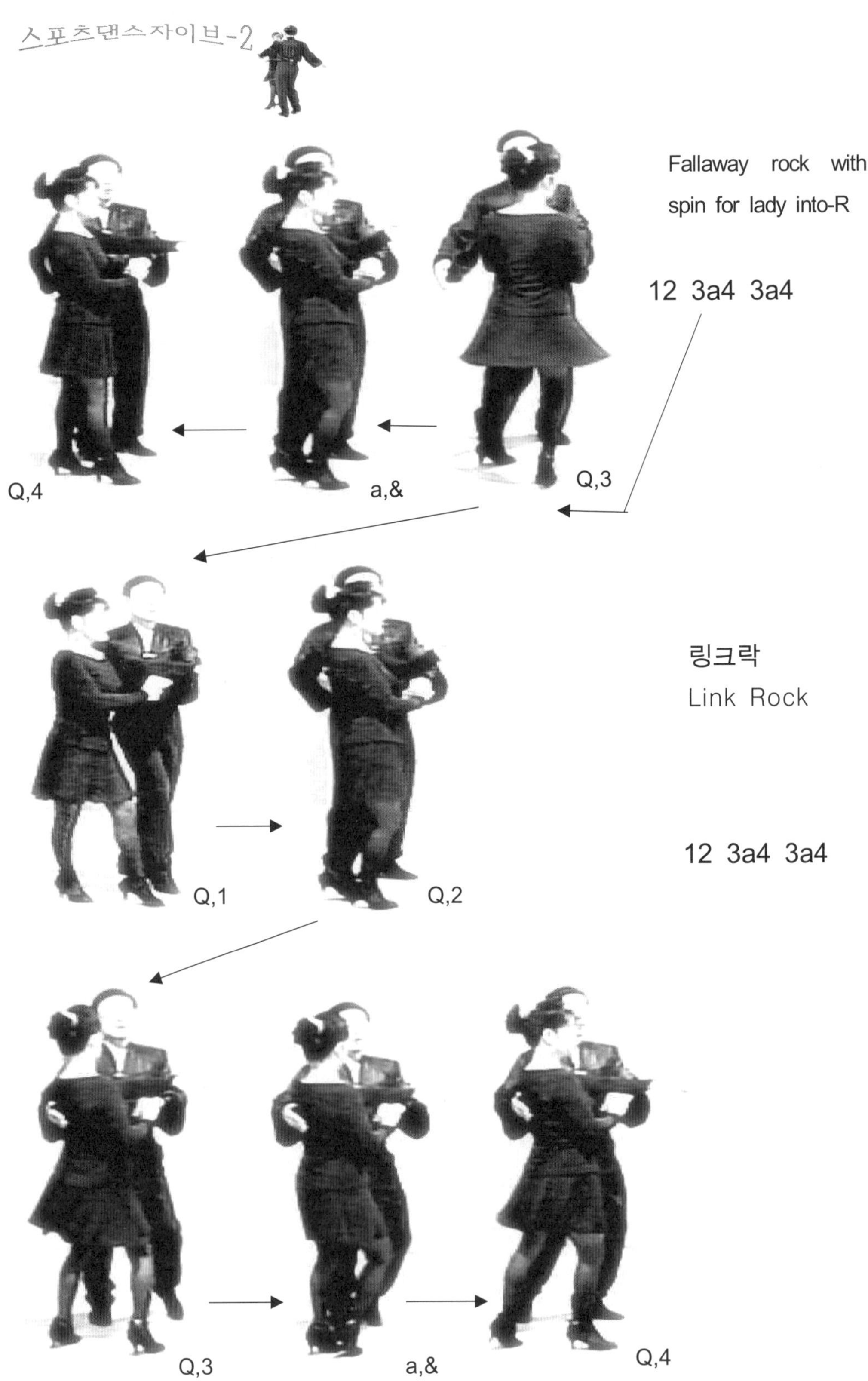
Fallaway rock with
spin for lady into-R

12 3a4 3a4

Q,4
a,&
Q,3

링크락
Link Rock

12 3a4 3a4

Q,1
Q,2

Q,3
a,&
Q,4

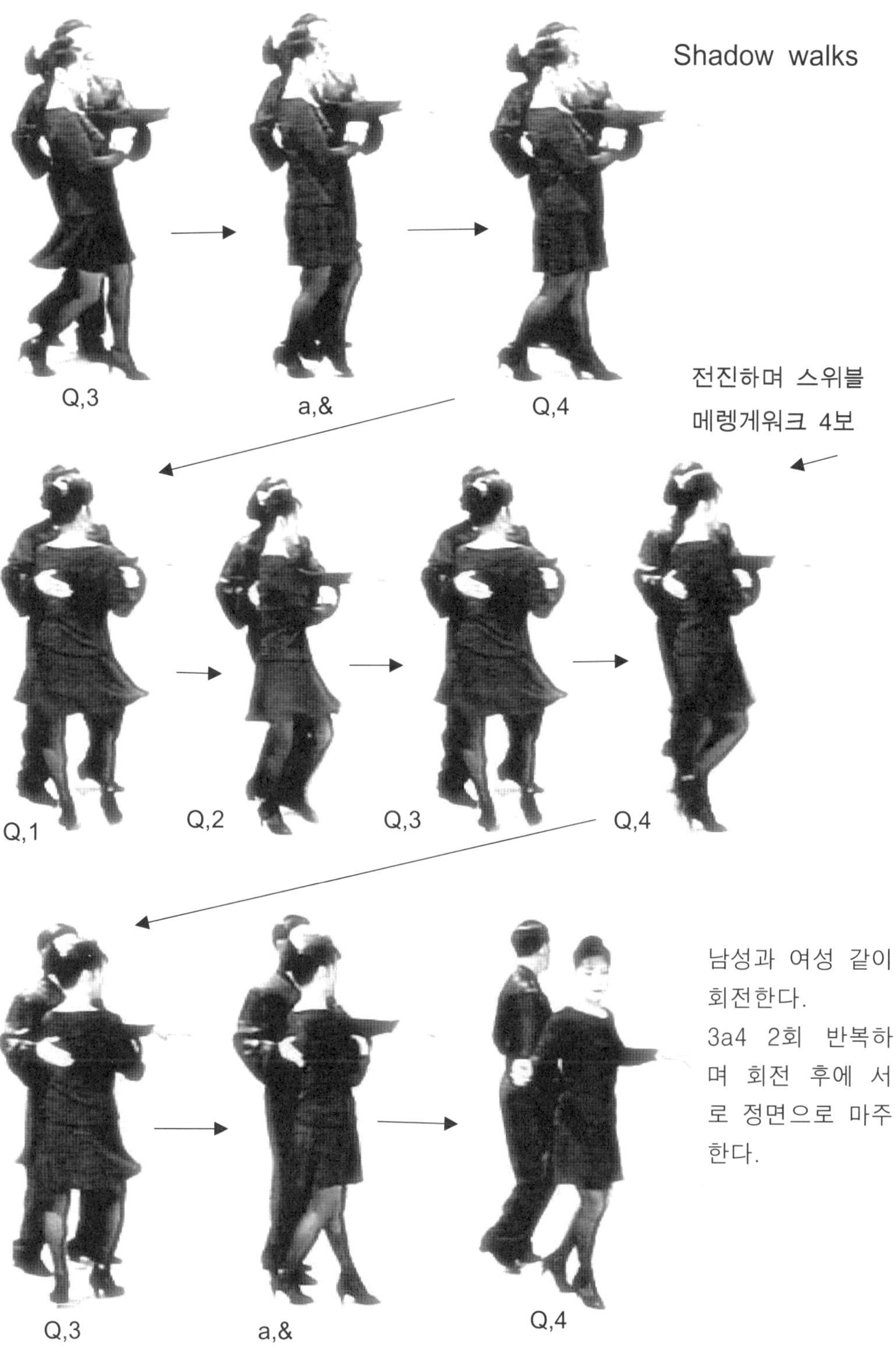

Shadow walks

전진하며 스위블
메렝게워크 4보

남성과 여성 같이
회전한다.
3a4 2회 반복하
며 회전 후에 서
로 정면으로 마주
한다.

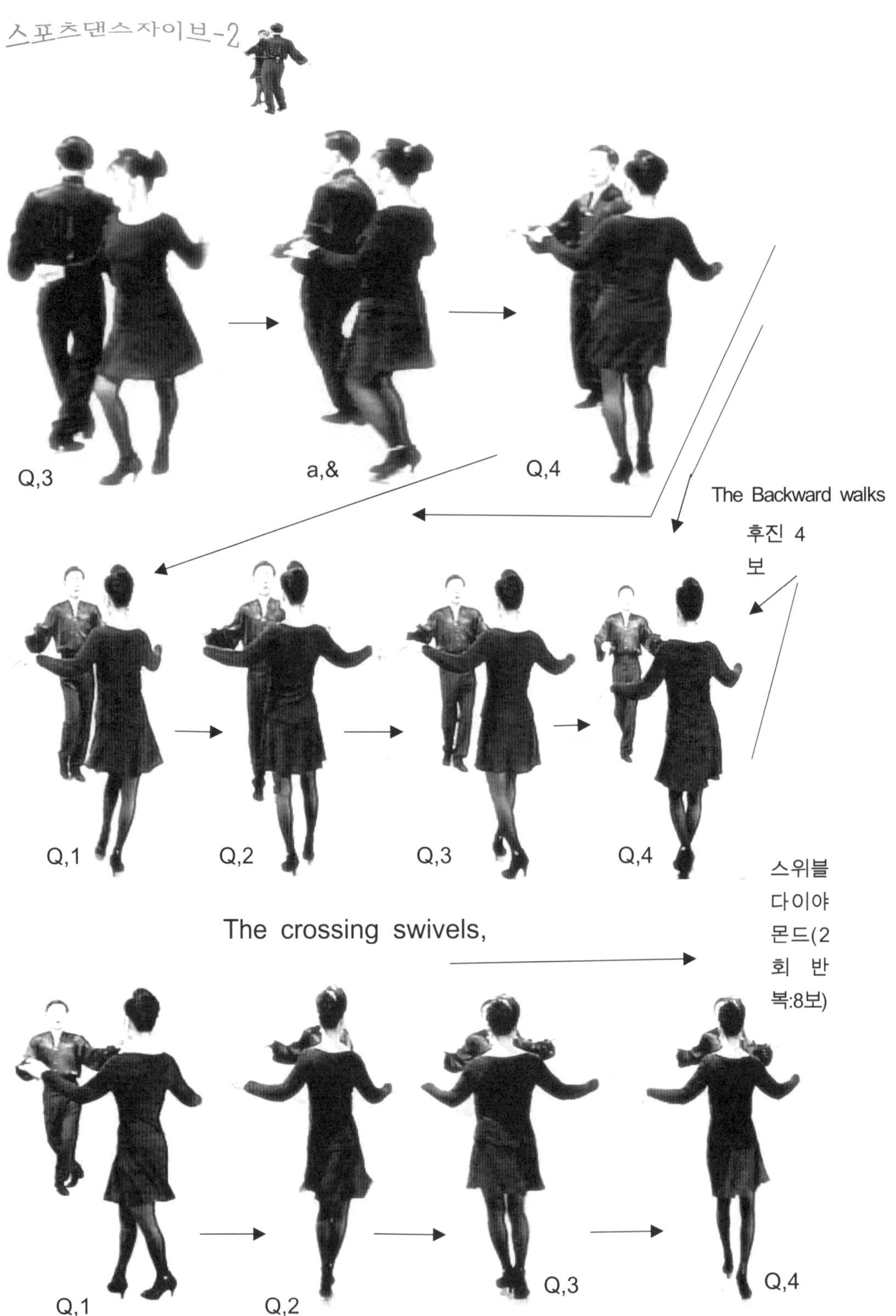
Q,3
a,&
Q,4
The Backward walks
후진 4
보
Q,1
Q,2
Q,3
Q,4
스위블
다이야
몬드(2
회 반
복:8보)
The crossing swivels,
Q,1
Q,2
Q,3
Q,4

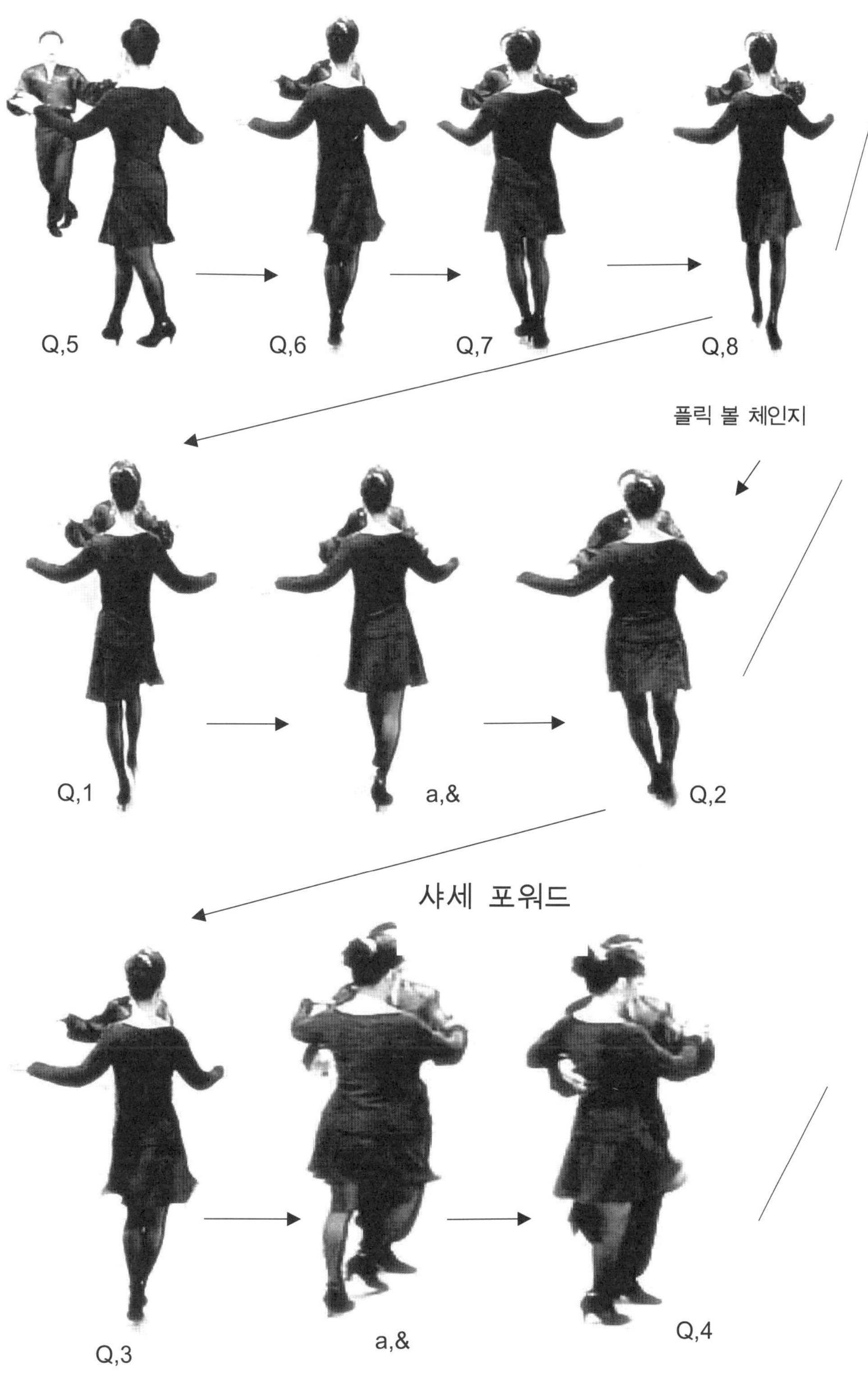

Q,5
Q,6
Q,7
Q,8
폴릭 볼 체인지
Q,1
a,&
Q,2
샤세 포워드
Q,3
a,&
Q,4

 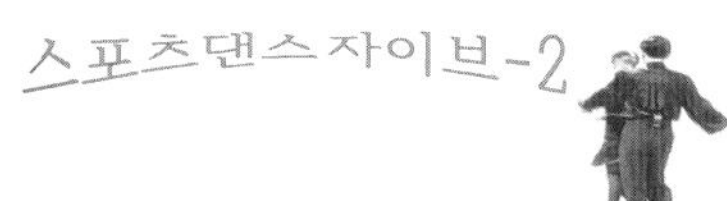

메디슨 킥 앤 신코페이티드

Q,1　　　　Q,2　　　　Q,3

fallaway throwaway

a,&　　　　Q,4

Q,3 → a,& → Q,4

Q,3　　　　a,&　　　　Q,4

51. Arms linking : Miami special :The Drunken Sailor : The Scissors
암스 린킹 : 마이에미 스페샬 : 더 드렁큰 세일러 : 더 사이소스
12 3a4 3a4 12 3a4 12 3a4 12 3a4 12 3a4 3a4
1a2 3a4 1a2 3a4 1234 12 S S

Q,1　　　　　　　Q,2

Q,3　　　　　　a,&　　　　　　Q,4

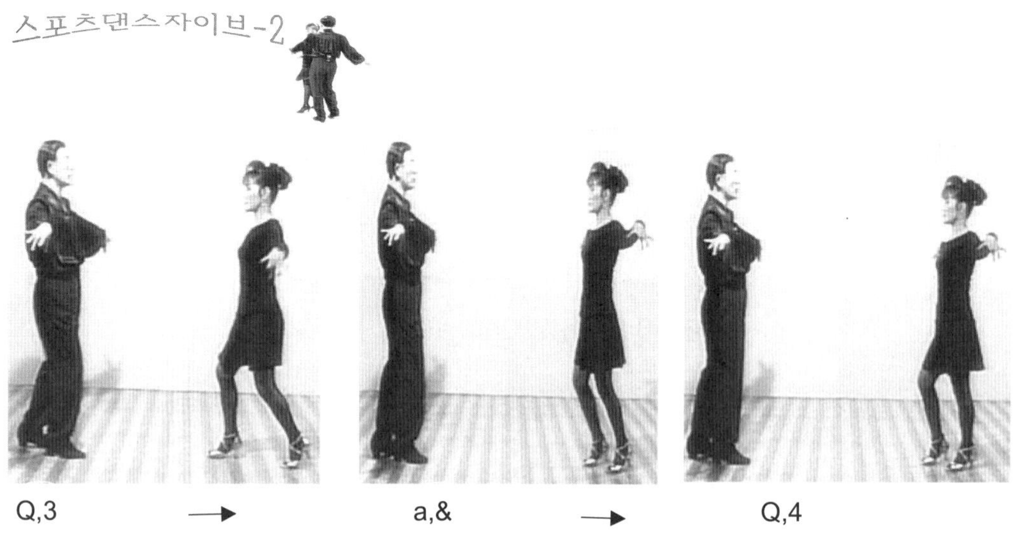

Q,3   ⟶   a,&   ⟶   Q,4

Arms linking-암스 링킹 12 3a4 12 3a4 12 3a4

Q,1   ⟶   Q,2

Q,3 ⟶ a,& ⟶ Q,4

Q,1
Q,2
Q,3
a,&
Q,4
Q,1
Q,2

Q,3
a,&
Q,3
Q,1
Q,2
Q,3
a,&
Q,4

Miami special - 12 3a4 3a4

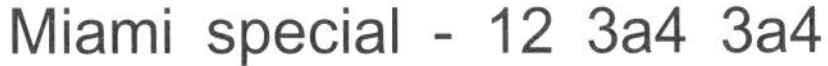

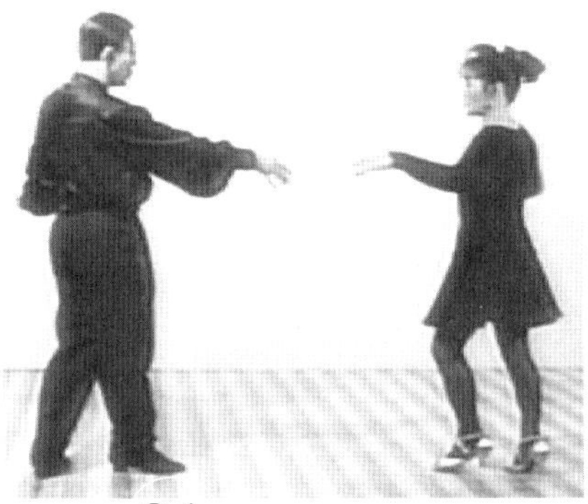

Q,1

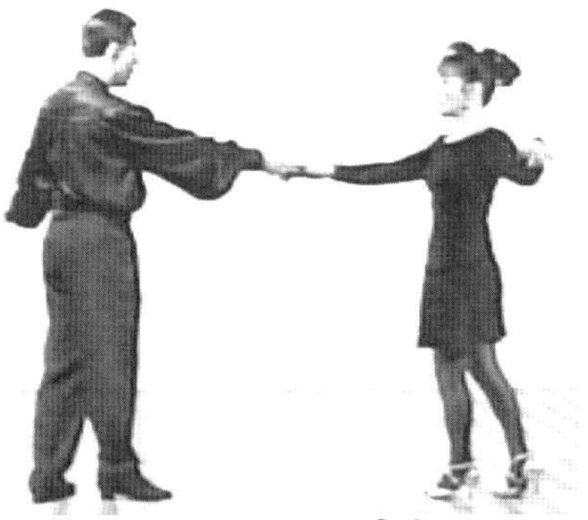

Q,2

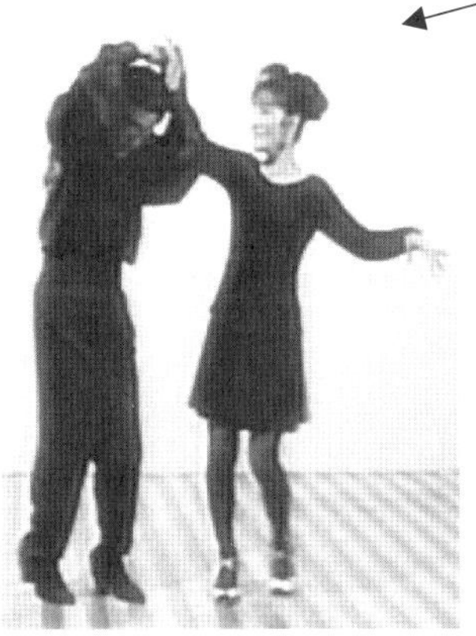

Q,3

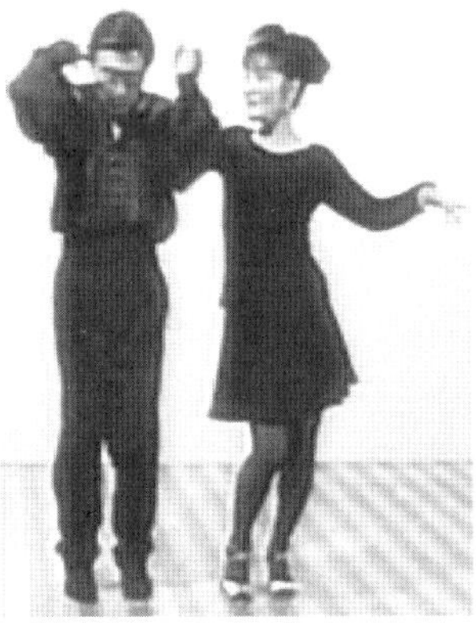

a,&

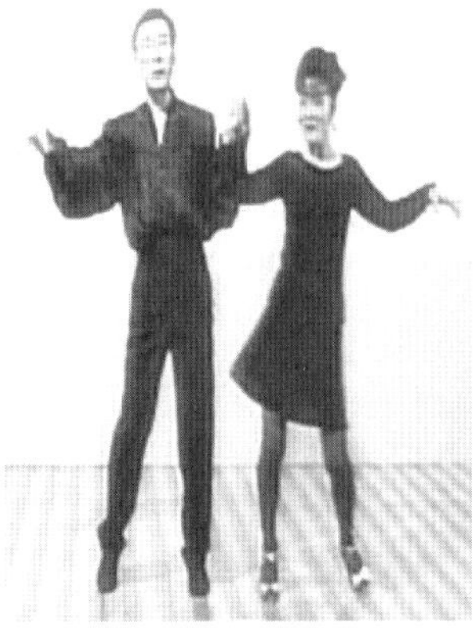

Q,4

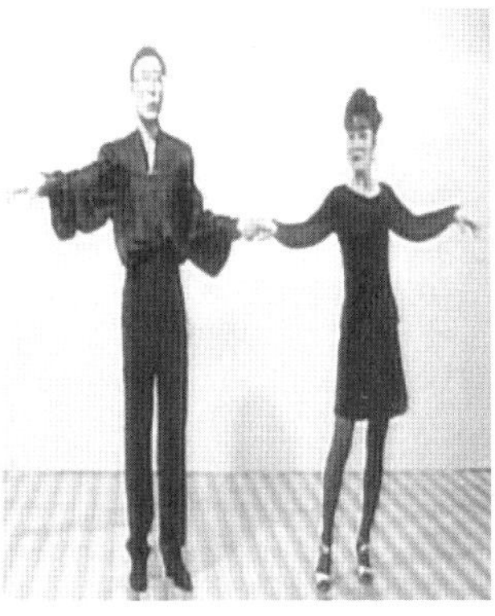

Q,3

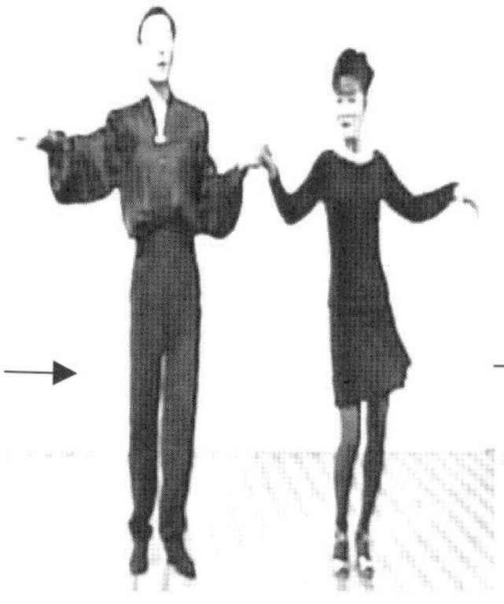

a,&

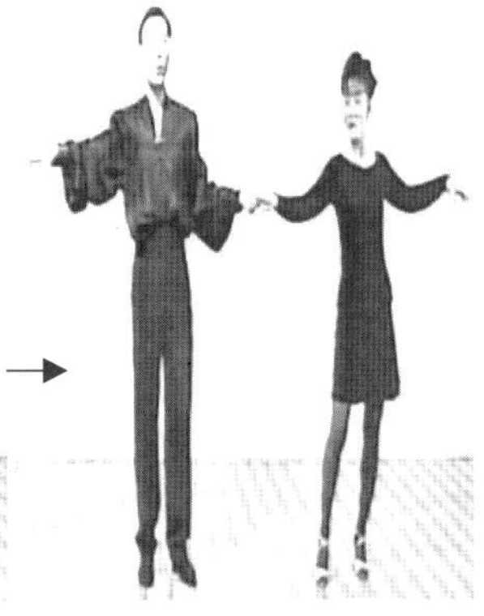

Q,4

The Drunken Sailor - 1a2 3a4 1a2 3a4

파도가 심한 뱃
전에서 흔들리며
움직이는 동작.
술에 취한 선원
이란 표현을 하
였음

Q,1

a,&  ⟶ Q,2

Q,3  ⟶ a,&

Q,4
Q,1
a,&
Q,2
Q,3
a,&
Q,4

The ²⁶⁾Scissors - 1234

Q,1    ⟶   Q,2

Q,3    ⟶   Q,4

---

26) 두 다리를 가위처럼 놀리기

Slow Hip Bump[27)] - 12 S S

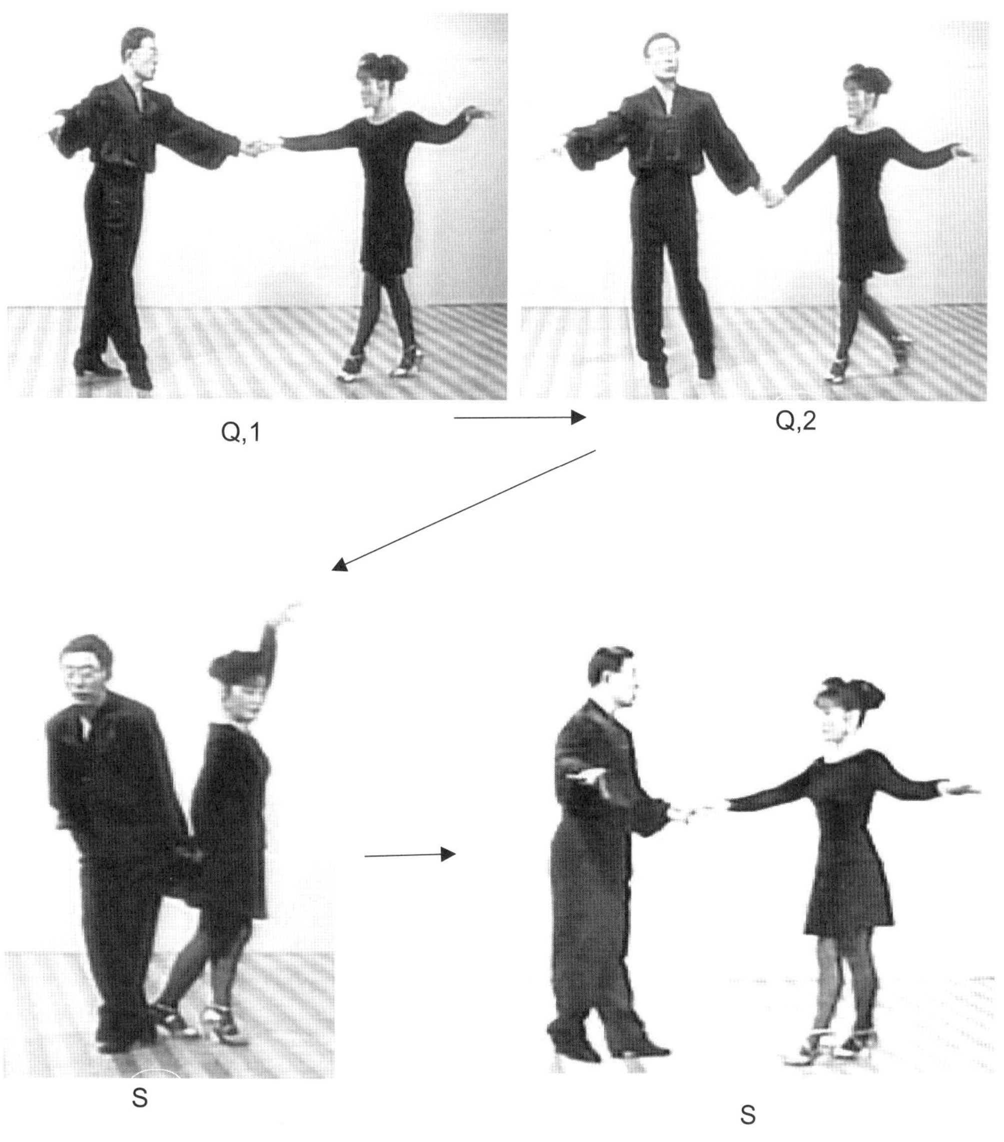

---

27)…에 부딪다, …와 충돌하다. 자리에서 밀어내다

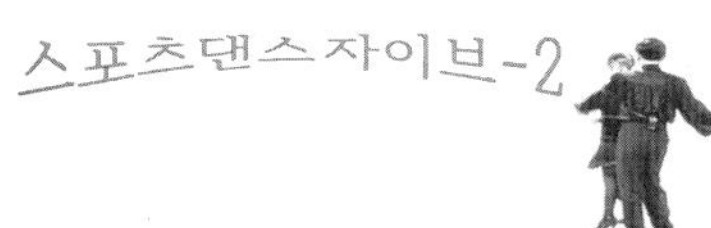

52. Overturn Change Of Place To Right, Flick Ball Change, Lindy Hops Spanish Arms Variation, Change of Place L to R Double Change Behind Back, Springs, Break and Spin

오버턴 체인지 오브 플레이스 투 라이트 플릭 볼 체인지, 린디 홉스 스패니쉬 암스 바리에이션, 체인지 오브 플레이스 레프트 투 라이트 더블 체인지 비하인드 백, 스프링 브레이크 앤 스핀

12 3a4 3a4 1a2 a1 a2 34 1a2 3a4 12 3a4 3a4 12 3a4 3a4

12 3a4 12 3a4 1234 1234 a4   12 3a4 3a4

Q,1   Q,2

Overturn Change Of Place To Right

Q,3 ⟶ a,& ⟶ Q,4

플레이스 투 라이트

12 3a4 3a4

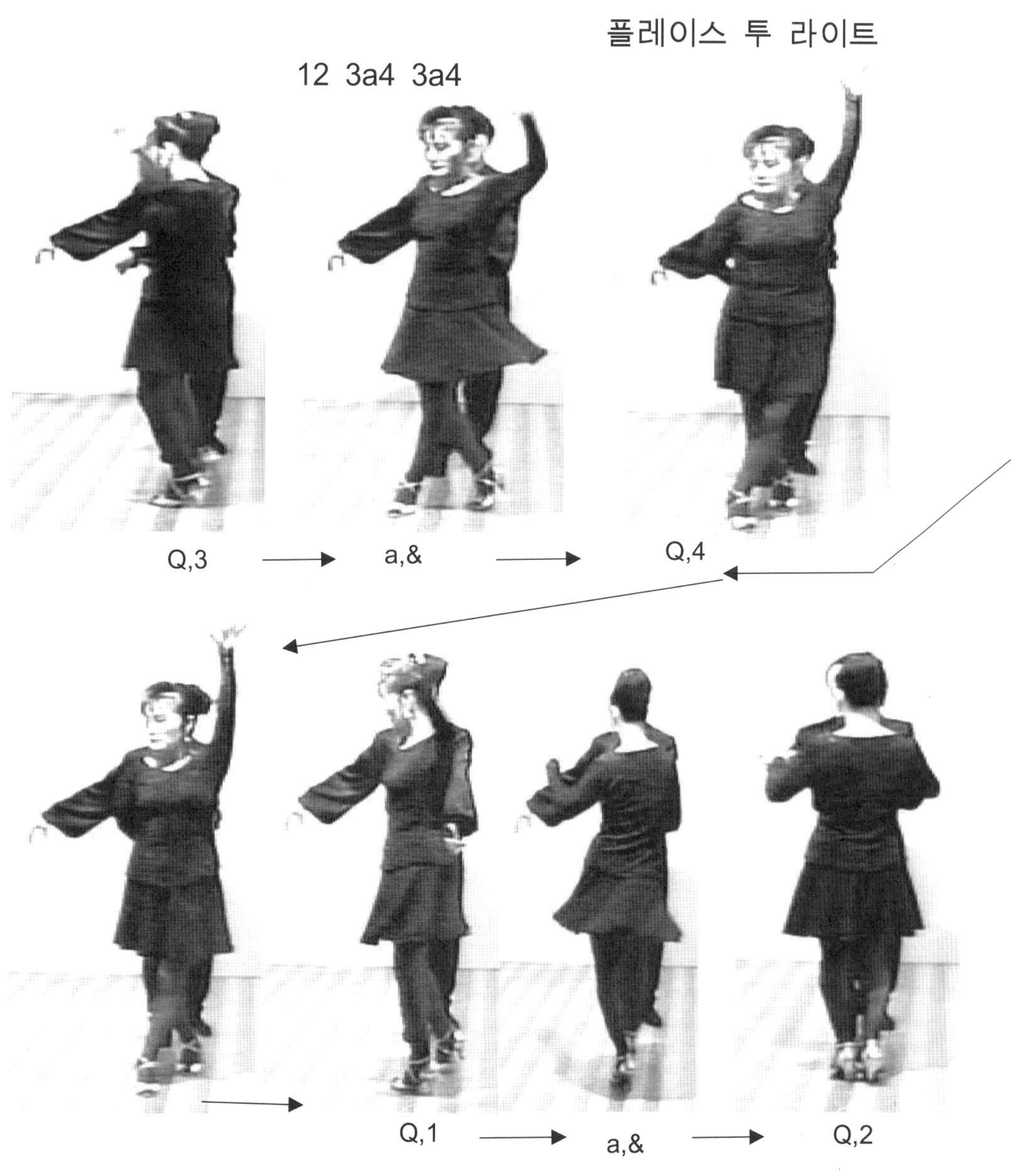

Flick Ball Change,   플릭 볼 체인지 – 1a2

Lindy [28)]Hops(린디홉) - a1 a2

Spanish Arms Variation, Change of Place L to R Double Change Behind Back, Springs, Break and Spin

스패니쉬 암스 바리에이션, 체인지 오브 플레이스 레프트 투 라이트 더블 체인지 비하인드 백, 스프링 브레이크 앤 스핀

---

28)뛰다, 한 발로 뛰다, (새 따위가 발을 모으고) 깡충 뛰다

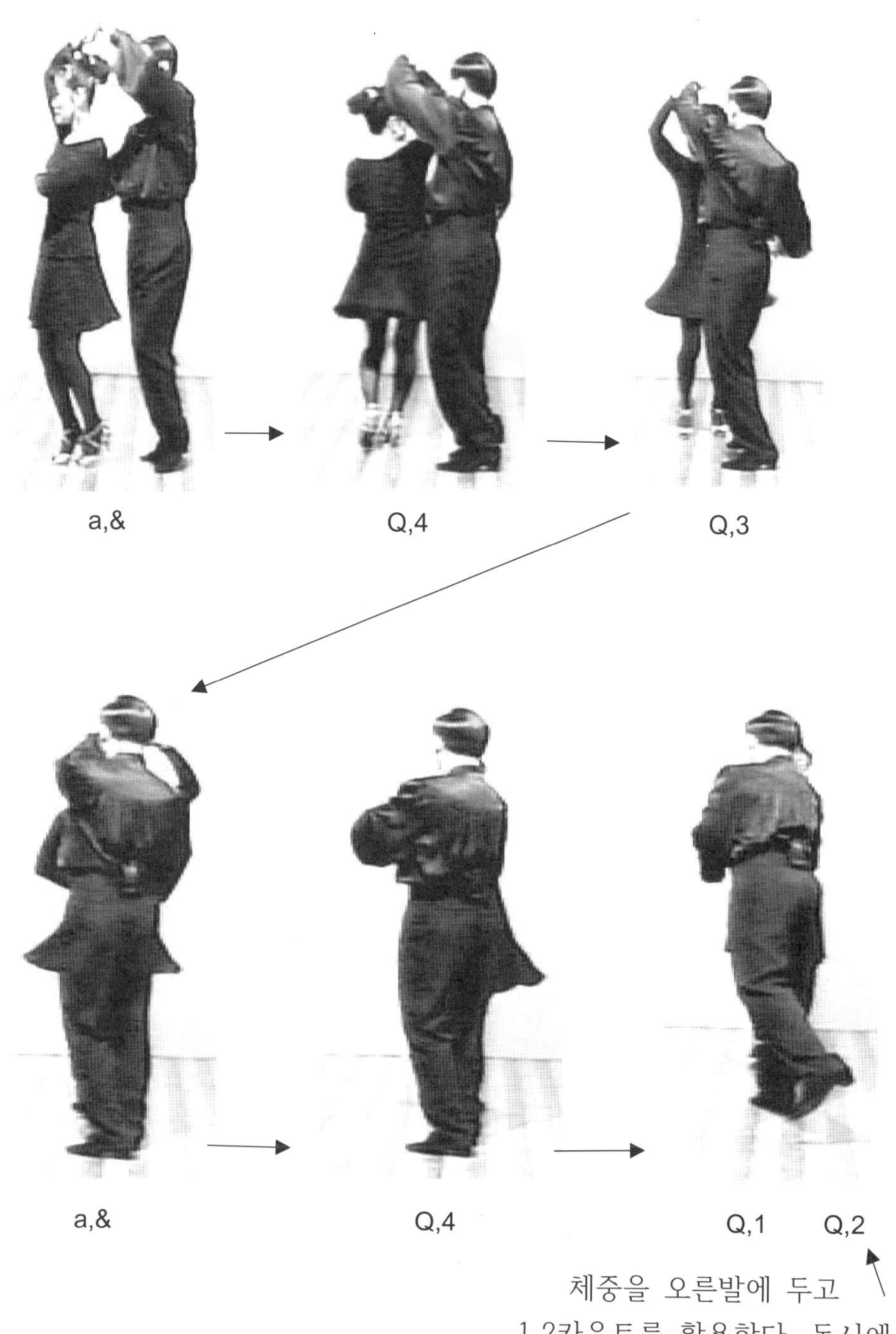

체중을 오른발에 두고
1,2카운트를 활용한다. 동시에
밀고 당기는 모습이다.

여성을 좌로 1/4 회전
회전량은 조절가능
여성을 우로 1/4 회전
Q,3
a,&
Q,4
Q,3
a,&
Q,4
Q,3
a,&
Q,4

53.

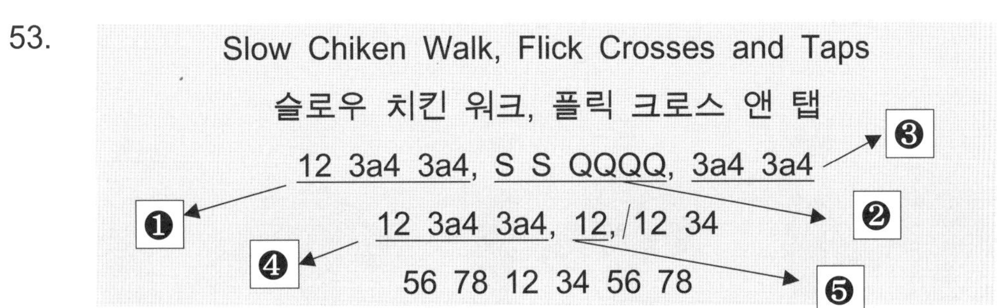

록스탭도 오버턴
이 이어질 때는
회전량이나 리드
의 강도가 달라
진다.

Q,1　　　Q,2

Over Throwaway　오버 드로우 어웨이

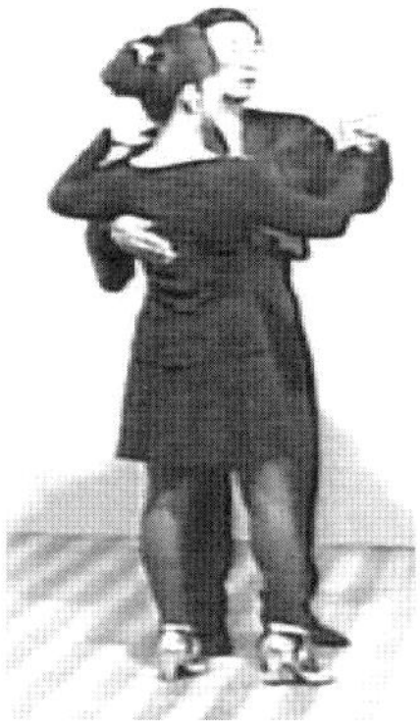

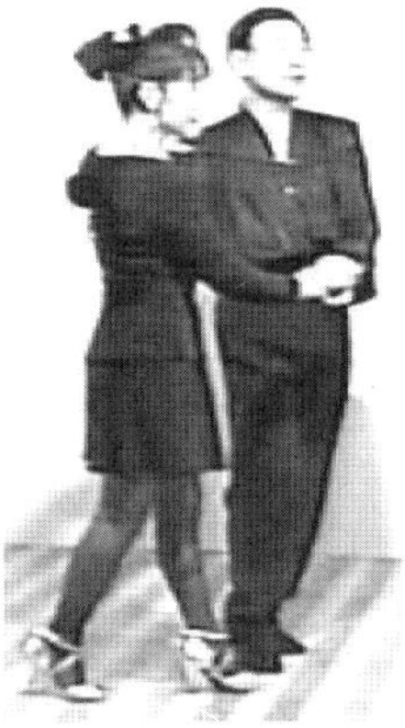

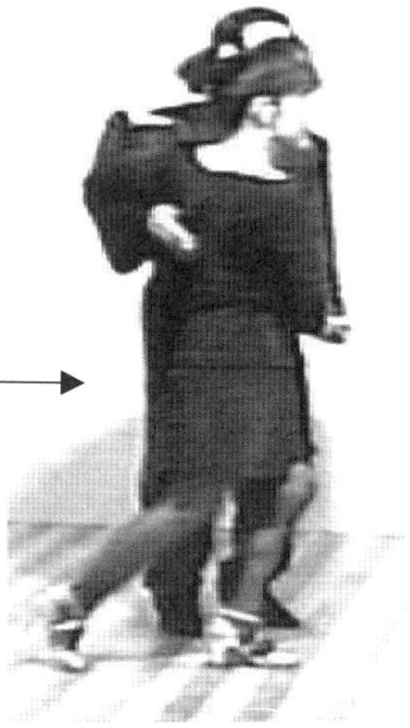

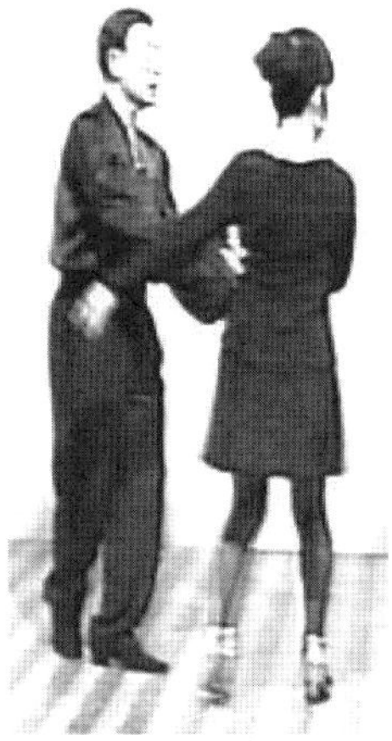

Q,3　　　a,&　　　Q,4

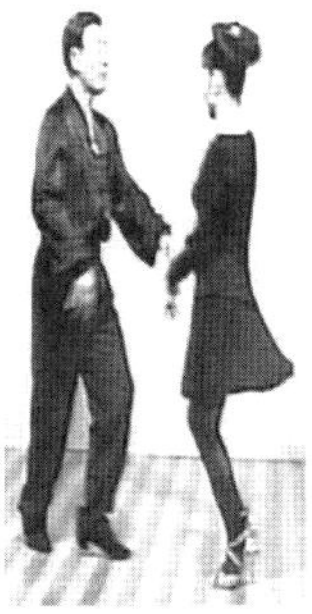

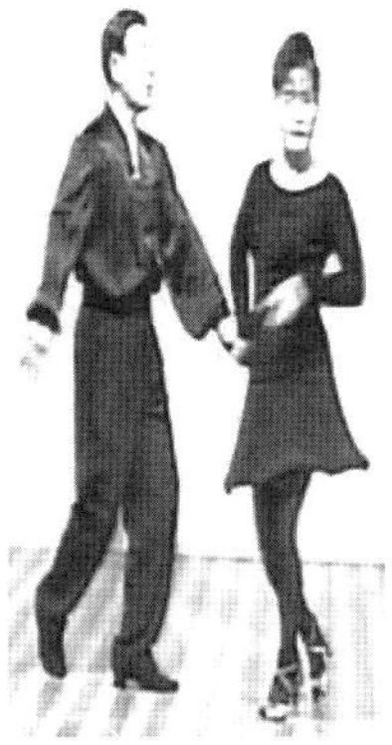

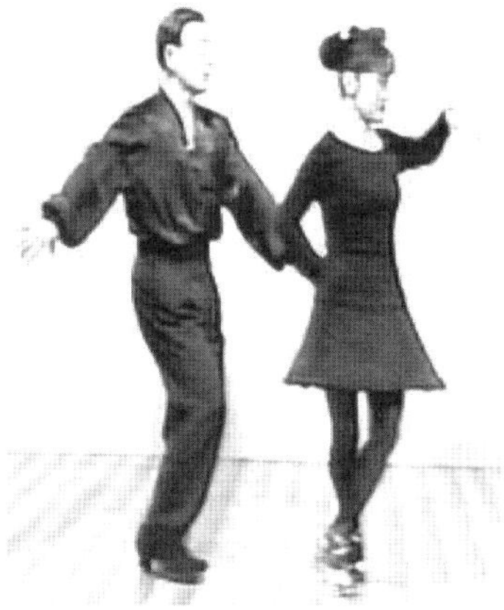

12 3a4 3a4--❶

오버 턴에 이은 전진 샤세
❶
Q,3
a,&
Q,4
Slow Chiken Walk – 스로우 치킨워크
❷
S
S
Q
Q
Q
Q

Q,3
a,&
Q,4
Q,3
a,&
Q,4
❸
❹
Q,1
Q,2
Q,3
a,&
Q,4

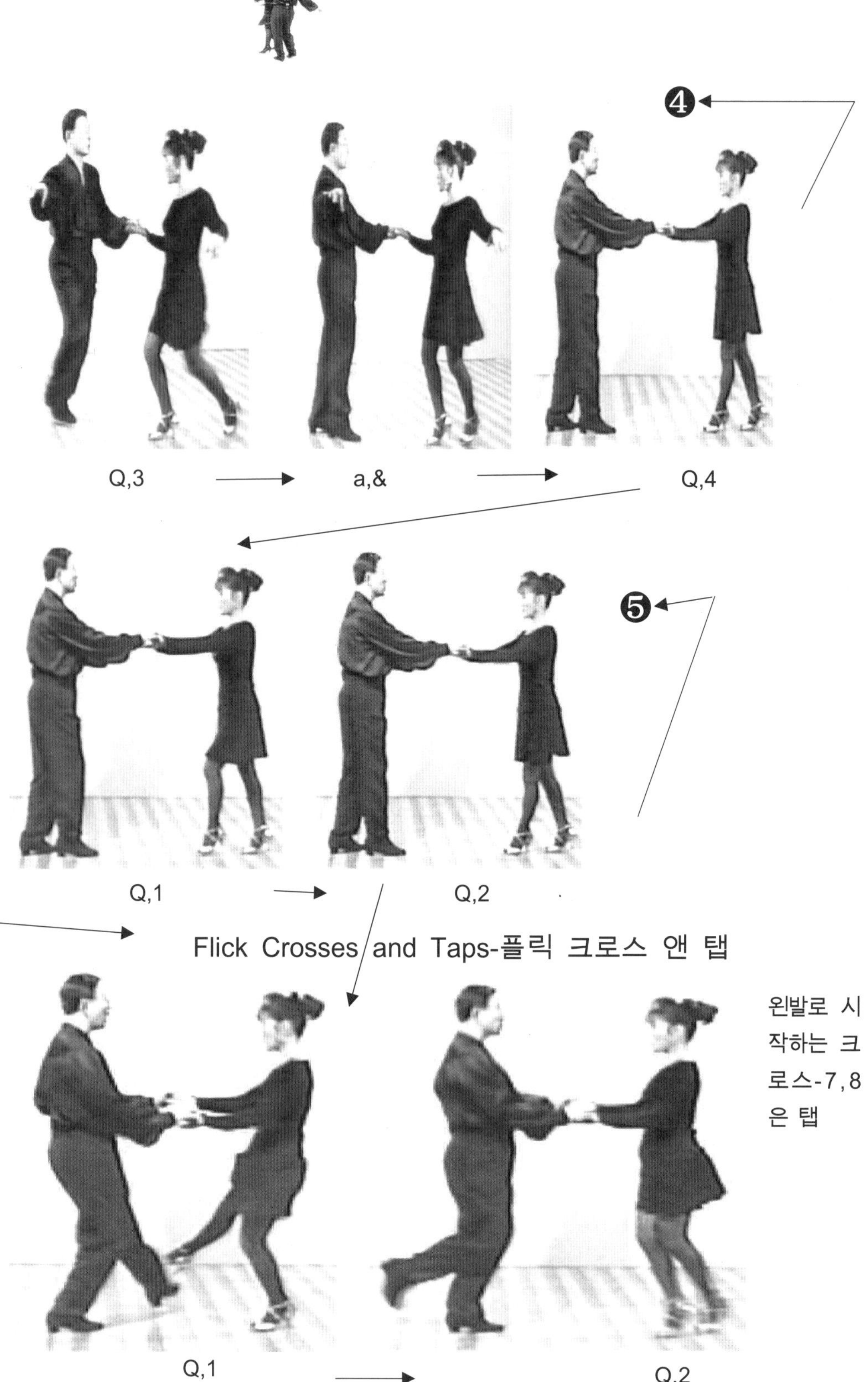

❹
Q,3
a,&
Q,4
❺
Q,1
Q,2
Flick Crosses and Taps-플릭 크로스 앤 탭
왼발로 시
작하는 크
로스-7,8
은 탭
Q,1
Q,2

Q,3
Q,4
Q,5
Q,6
Q,7
오른발로 시
작하는 크로
스 7,8은 탭
Q,8
Q,1

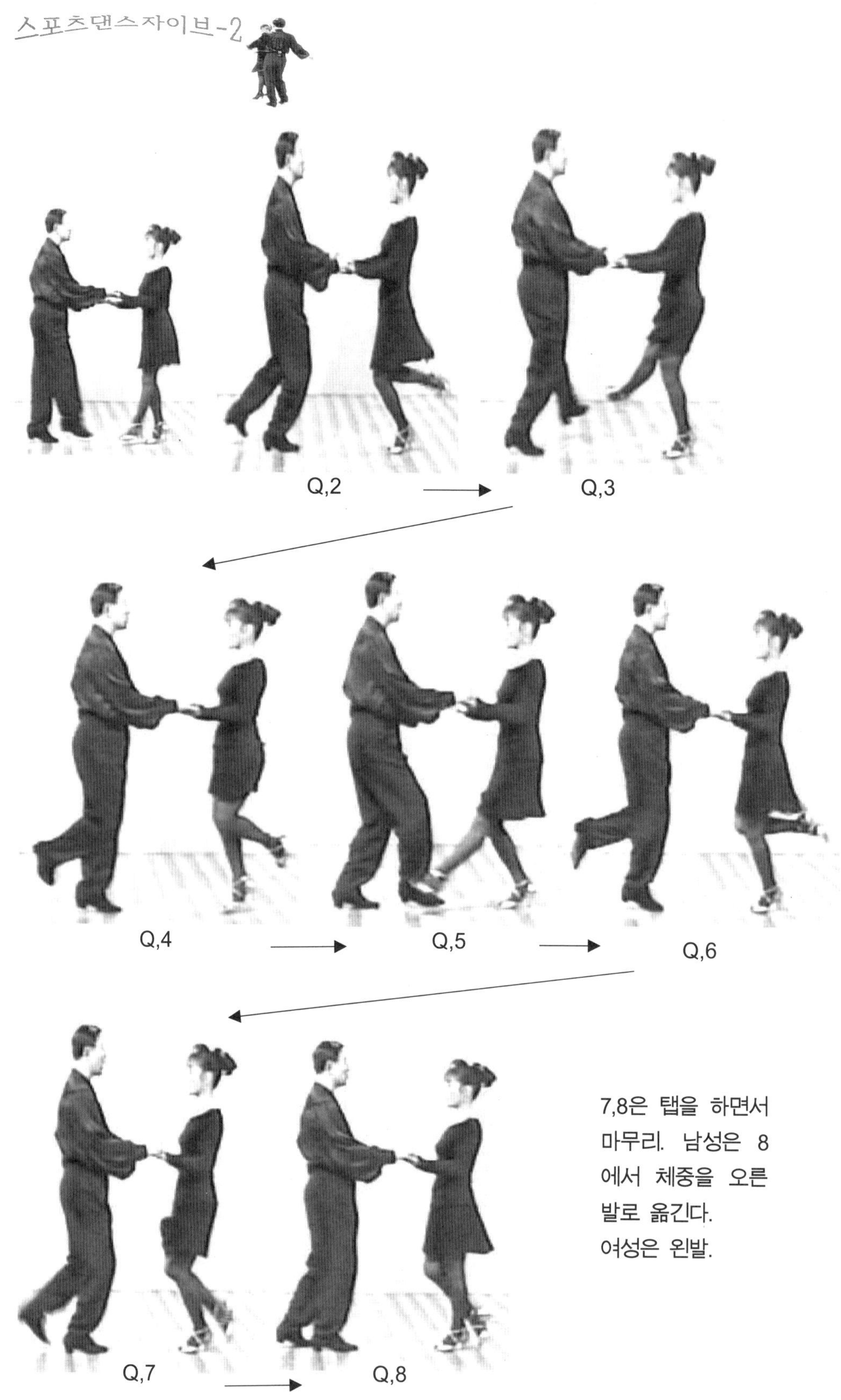

7,8은 탭을 하면서
마무리. 남성은 8
에서 체중을 오른
발로 옮긴다.
여성은 왼발.

54　Rolling off the Arm : Rotary Zigzag in Shadow Position : Double Reverse Throwaway Hesitation, cross Forward : Link, Over Turned Whip throwaway : Flick ball change : Drag Flicks : Type of Chicken Walk and Spin ending

롤링 오프 디 암 로타리 지그재그 인 섀도우 포지션 더블 리버스 드로우 어웨이 헤지테이션 크로스 포워드 링크 오버턴드 윕 드로우어웨이 플릭 볼 체인지 드래그 플릭타입 오브 치킨 워크 앤 스핀 앤딩

12 3a4 12 3a4 12 3a4 1234 1234 3a4, 1234(여성 3a4) 12 3a4 3a4 3a4 12 3a4 12 3a4 1a2 3a4 1234 a1 a2 a3 a4 12 SSQQ 3a4 12 3a4

Rolling off the Arm - 롤링 오프 디 암

남성 여성 각각 2/1회전 한다. 2보에서 보통 때의 링크와는 다르니 유념해야 한다. 기본 동작에 대한 자세한 설명은 1권에서 서술하였으므로 중복을 피하고자 합니다.

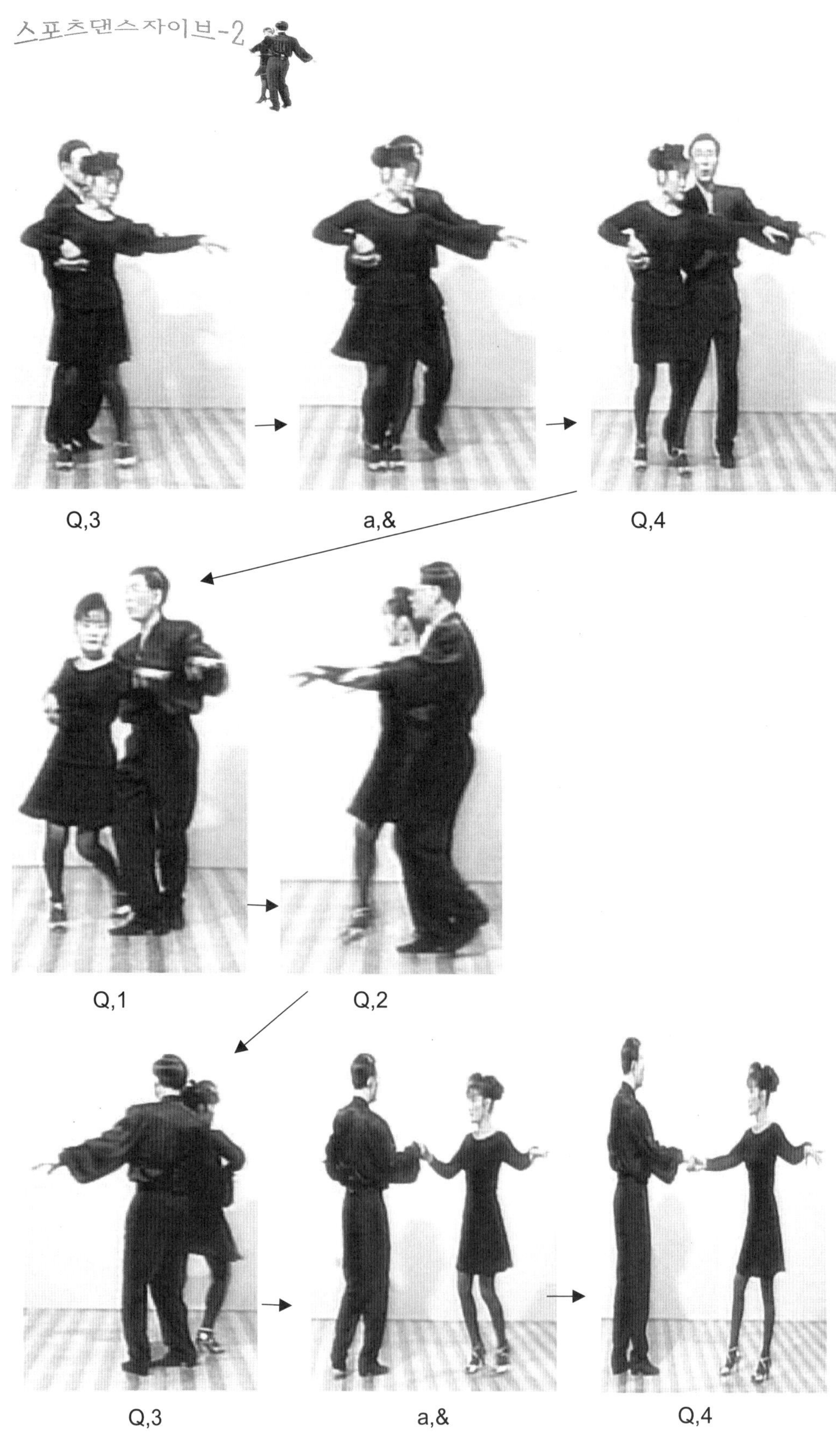

Q,3
a,&
Q,4
Q,1
Q,2
Q,3
a,&
Q,4

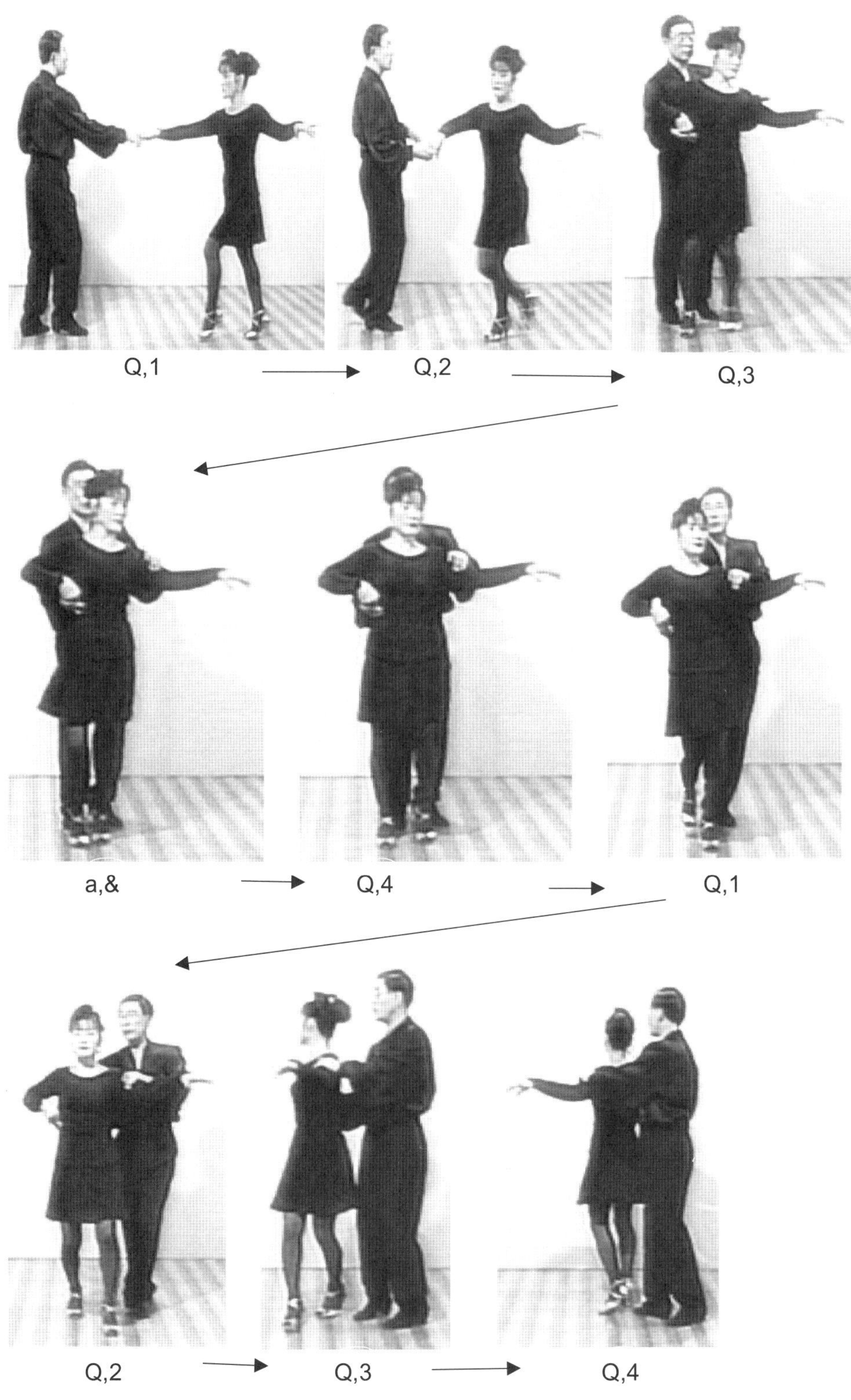
Q,1
Q,2
Q,3
a,&
Q,4
Q,1
Q,2
Q,3
Q,4

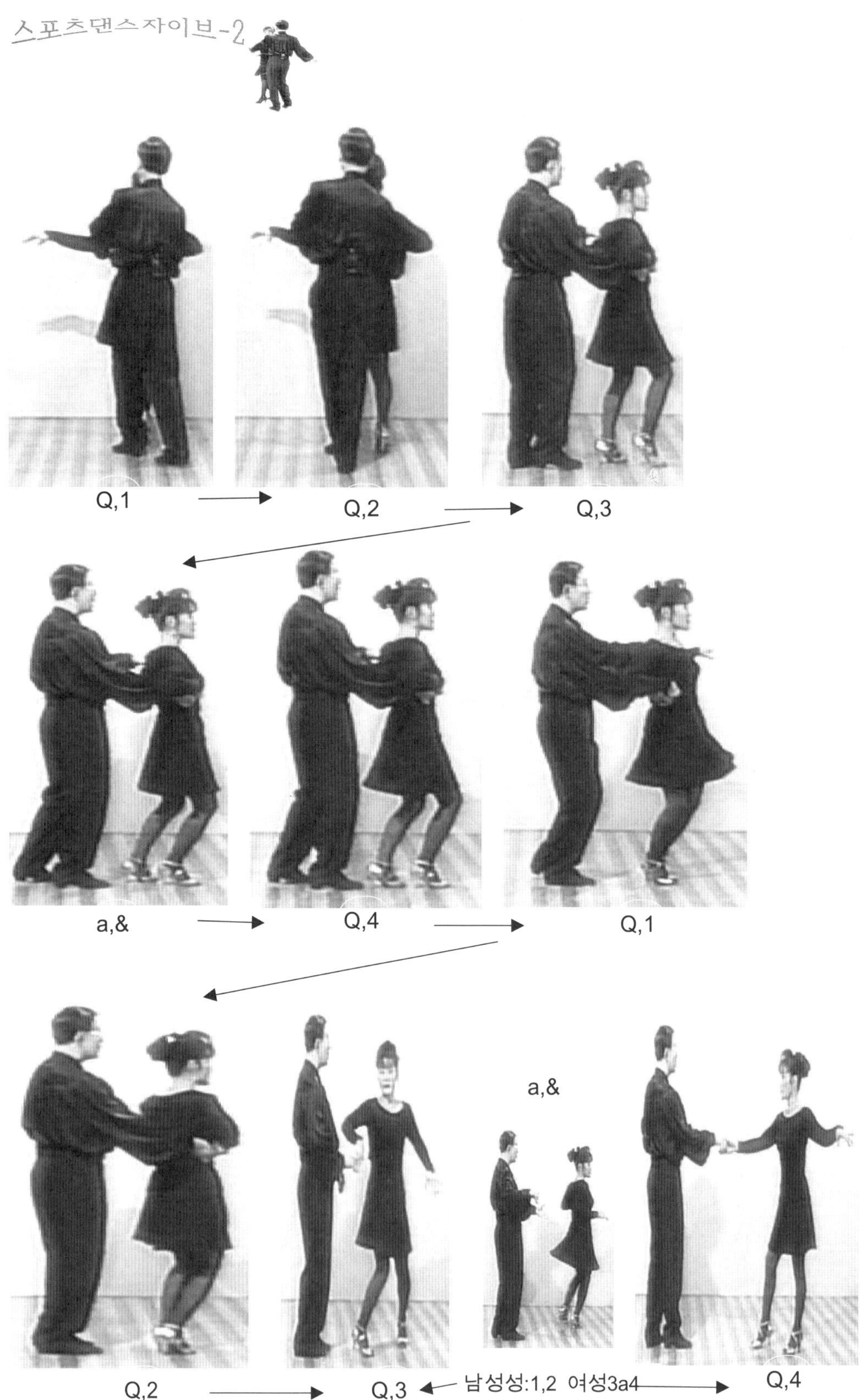
Q,1
Q,2
Q,3
a,&
Q,4
Q,1
Q,2
Q,3
남성성:1,2 여성3a4
Q,4
a,&

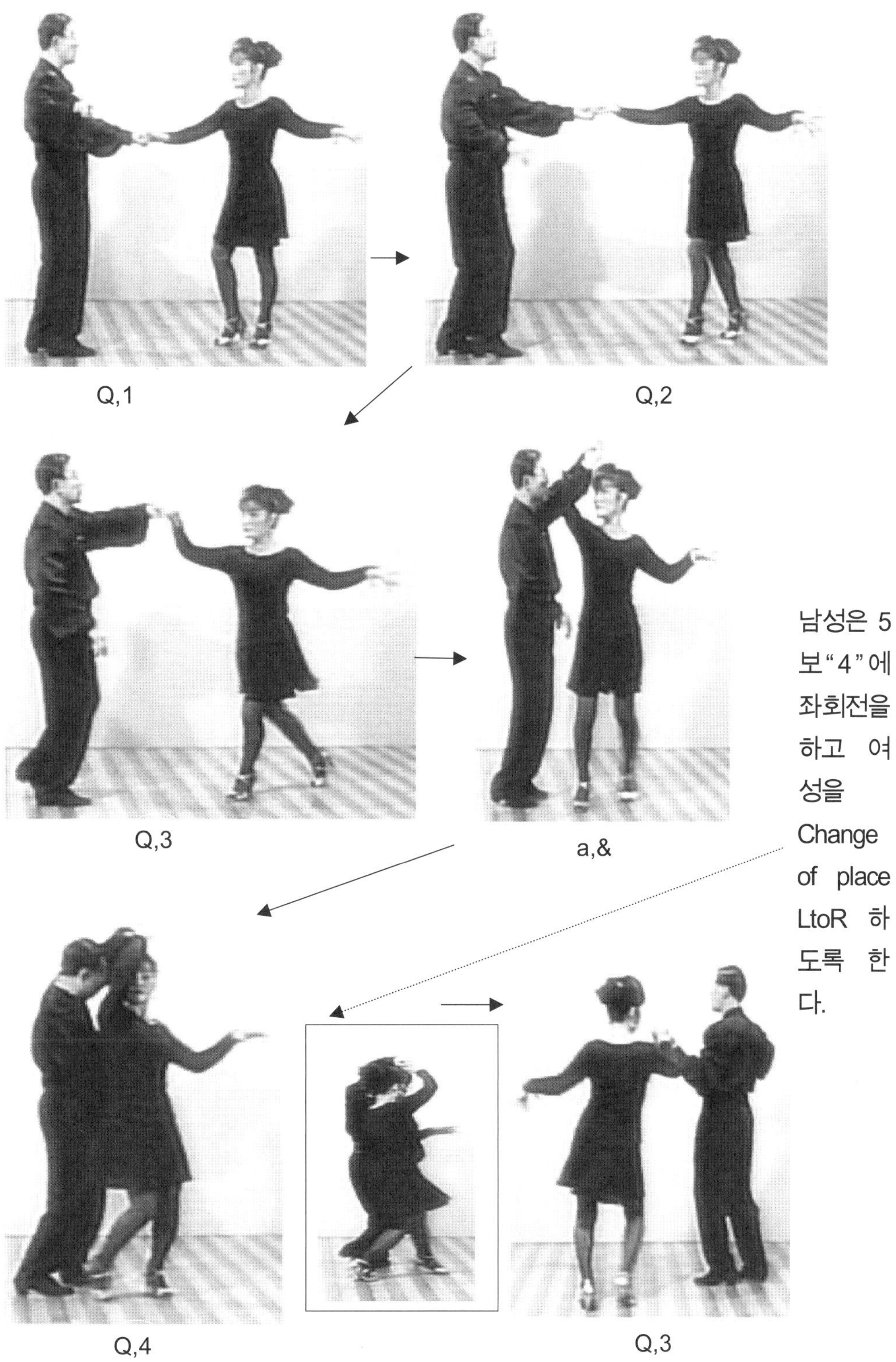

Q,1

Q,2

Q,3

a,&

남성은 5 보 "4" 에 좌회전을 하고 여 성을 Change of place LtoR 하 도록 한 다.

Q,4

Q,3

a,&  → Q,4

Q,3  → a,&

Q.4

후트 체인지

Q,3

a,&
Q,4
Q,1
Q,2
Q,3
a,&
사이드포지션
Q,1
a,&
Q,2

Q,3
a,&
Q,4
Q,1
Q,2
Q,3
Q,4
a
1
a

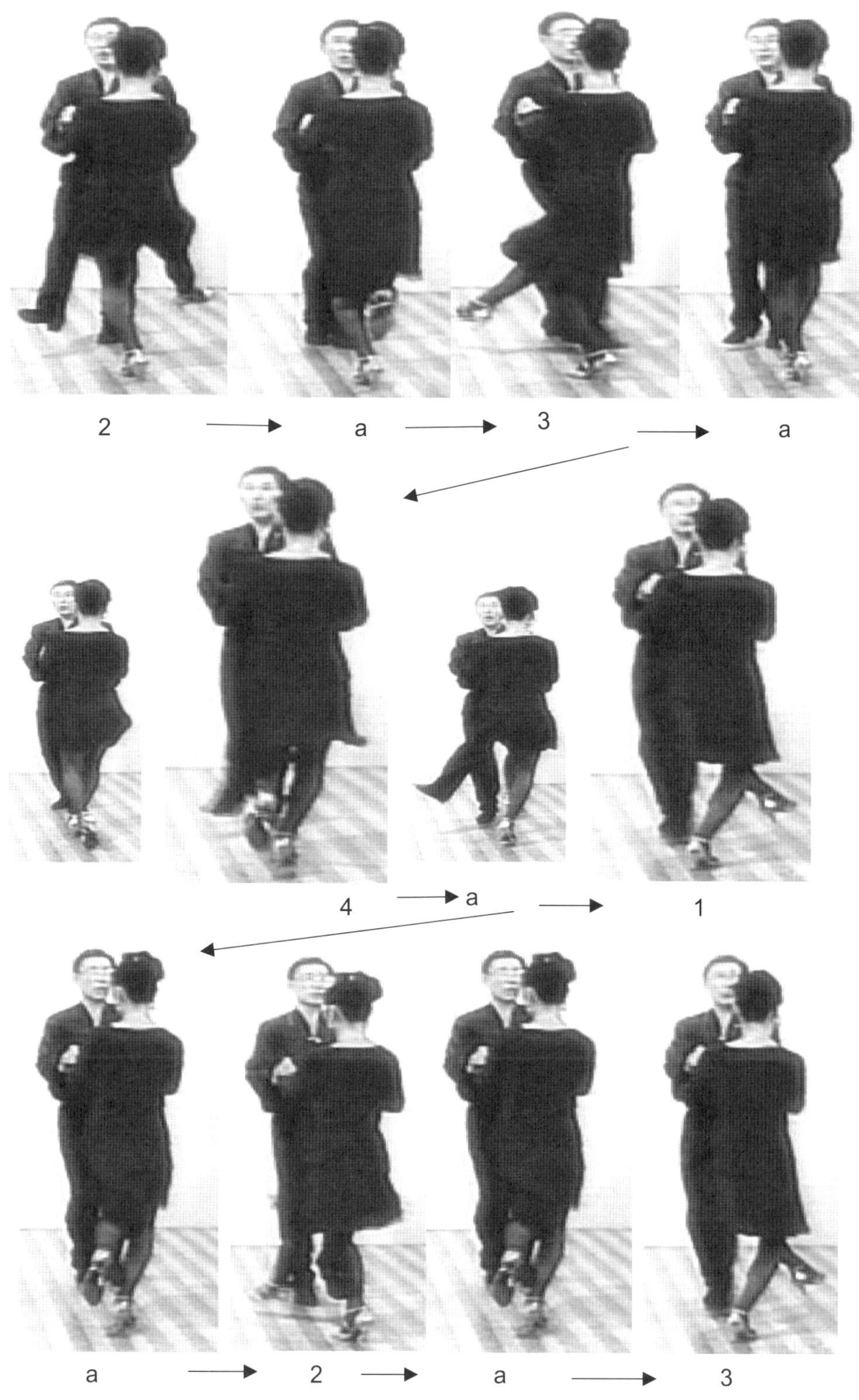
2
a
3
a
4
a
1
a
2
a
3

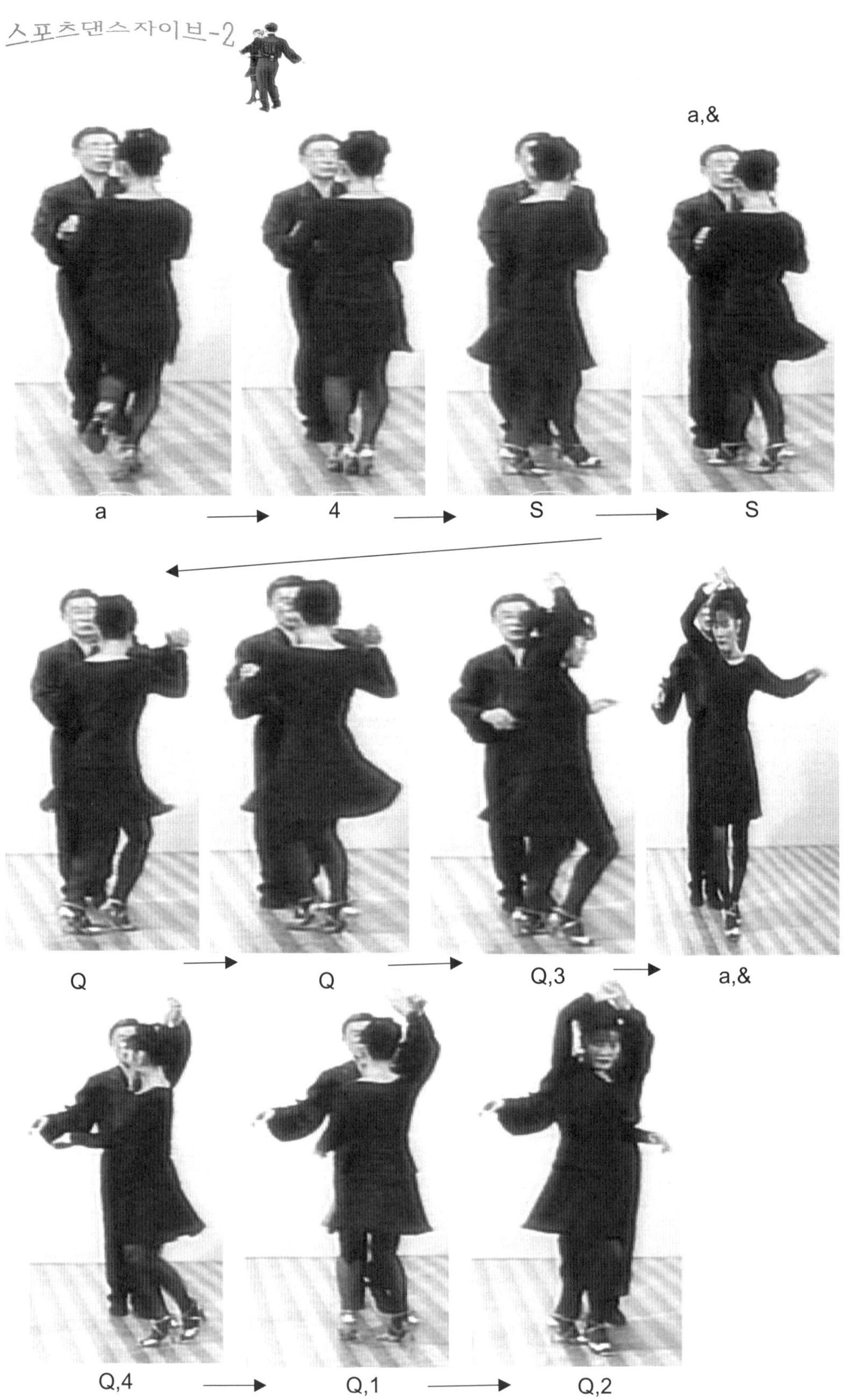
a,&
a
4
S
S
Q
Q
Q,3
a,&
Q,4
Q,1
Q,2

Q,3
a,&
Q,4

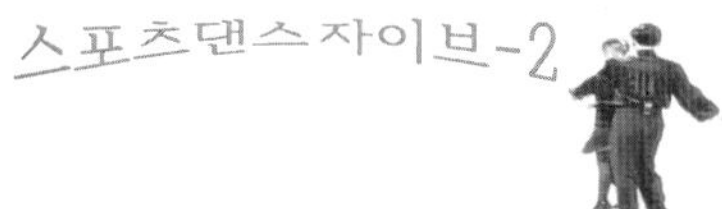

55. Syncopated Break from Fallaway
신코페이티드 브레이크 프롬 폴어웨이
12 34 1a2

Q,1 → Q,2 → Q,3 Q,4

Q,1 → a,& → Q,2

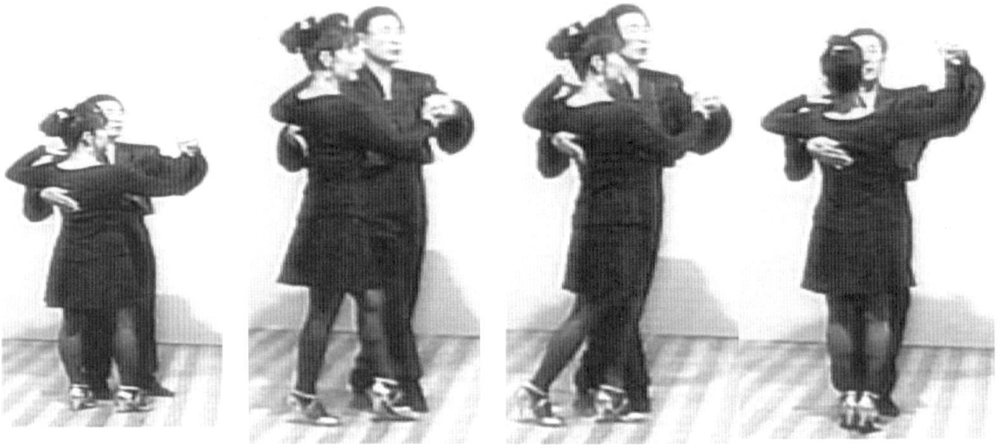

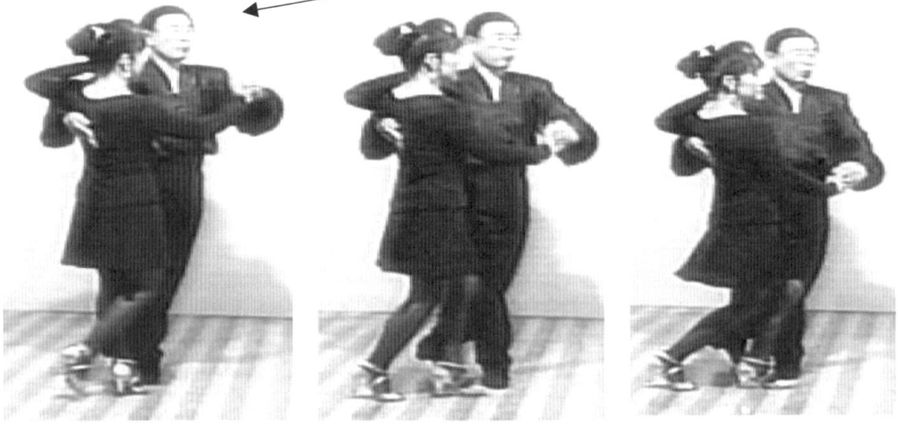

56.

The Tunnel
더 턴넬
12 3a4 3a4 12 3a4 12 3a4

Q,1   Q,2

Q,3   a,&   Q,4

Q,3
a,&
Q,4
Q,1
Q,2
Q,3
a,&
Q,4

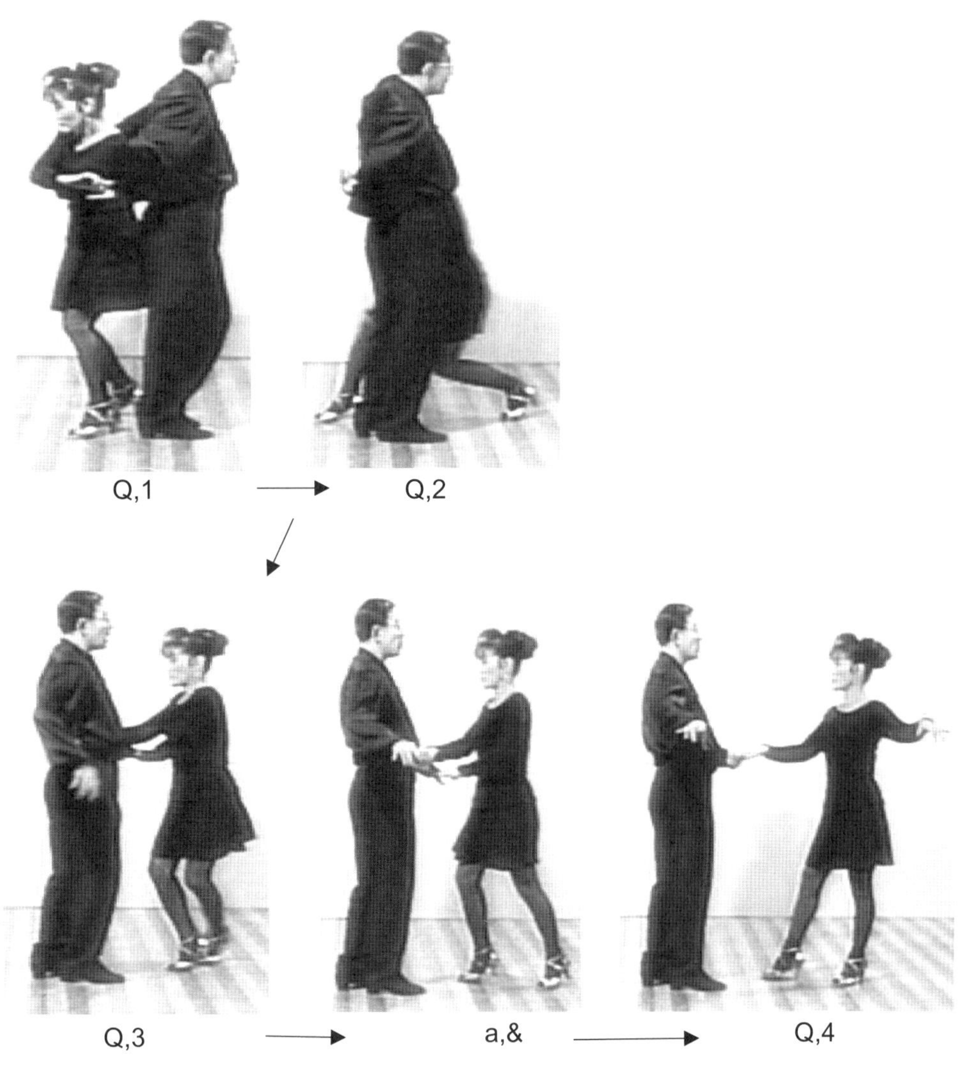

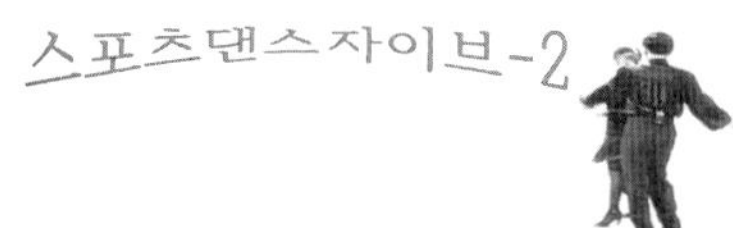

57 Overturned Change of Place LtoR : NewYork Movement : Spin, Hops & Flick Link.

오버턴 체인지 오브 플레이스 레프트 투 라이트 : 뉴욕 무브먼트 :
스핀, 홉, 플릭 링크

12 3a4 3a4 1234 a1 a2a a3 a4 a1 a2 a3 a4 a1 a2 a3 4

Q,1    →   Q,2

Q,3    →   a,&    →   Q,4

Q,3
a,&
Q,4
Q,1
Q,2
Q,3
Q,4
a,&
Q,1

a,&
Q,2
a,&
Q,3
a,&
Q,4
a,&
Q,1

a,&
Q,2
a,&
Q,3
a,&
Q,4

a,&   →   Q,1   →   a,&   →   Q,2
a,&   →   Q,3   →   Q,4

58. Change of hands beahind the back into left side-by-side Position, Two Flick ball change step, Side Chasse to double Crossed hold and Arms over head movements.
체인지 오브 핸드 비하인드 더 백 인투 레프트 사이드 바이 사이드포지션 투 플릭 볼 체인지 스탭 사이드 샤세 투 더블 크로스 홀드 앤 암스 오버 헤드
12 3a4 3a4 1a 2a 3a4 3a4 1234 5678 3a4

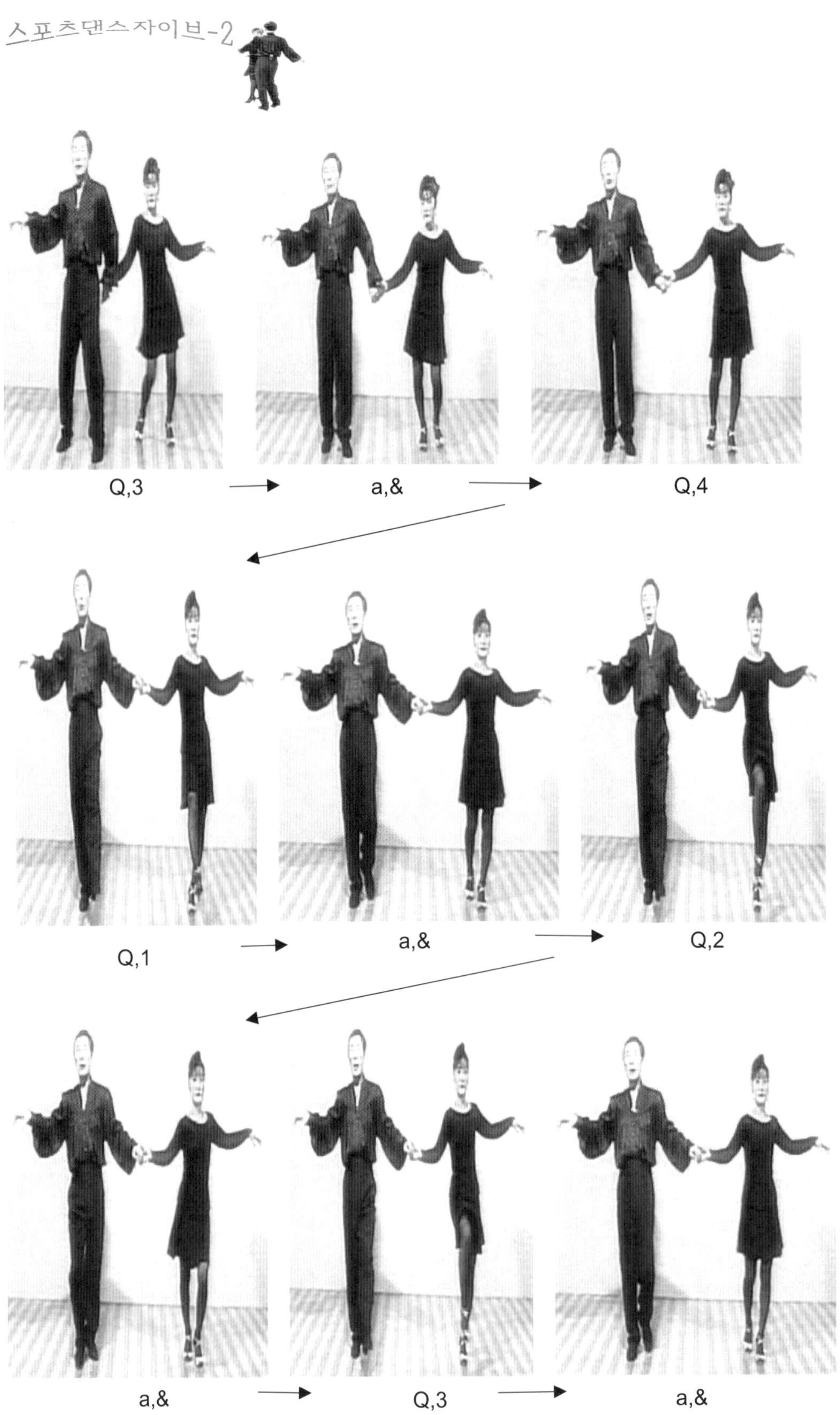
Q,3
a,&
Q,4
Q,1
a,&
Q,2
a,&
Q,3
a,&

59.

1,2 of Link : Hop Tap. Hop step Movements 1-6 of Hand
to Hand : Solo Turn and Continuous Chasse
1-2오브 링크 : 홉탭. 홉스탭 무브먼트 1-6오브 핸드 투 핸드 :
솔로 턴 앤 컨티뉴어스 샤세
12 a3 a4 a5 a6 78 12345 6a7a8

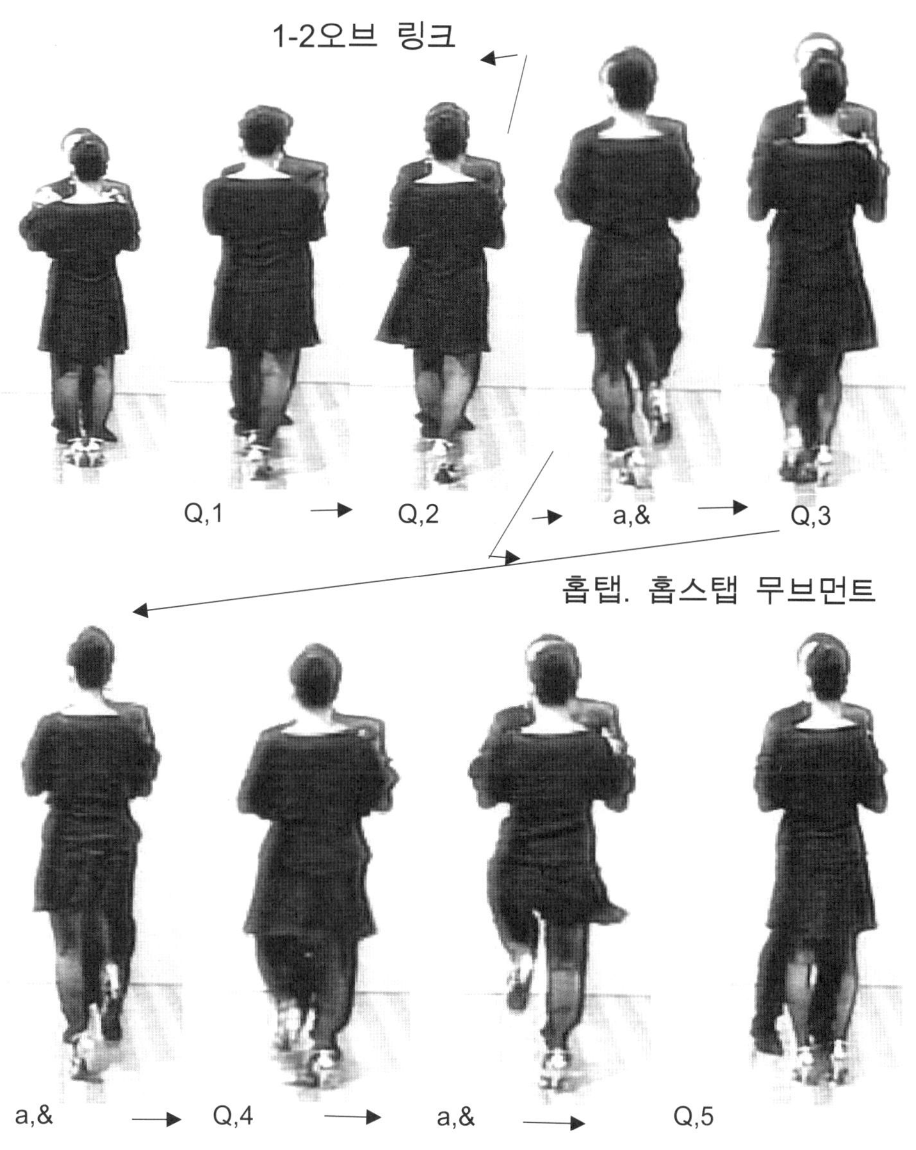

a,&
Q,6
Q,7
Q,8
Q,1
Q,5
Q,4
Q,3
Q,2

Q,6
a,&
Q,7
a,&
Q,8

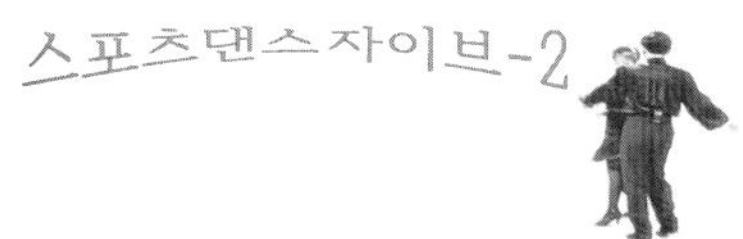

60

Hop Flicks and Springs in Right Side-by-Side Position : Change
of Place LtoR to L side-by-side Position : New York Movement
to Solo Spin, Polka Chasse Turnning to Right
홉 플릭 앤 스프링 인 라이트 사이드 바이 사이드 포지션 :
체인지 오브 플레이스 레프트 투 라이드 투 레프트 사이드 바이
사이드 포지션 : 뉴욕 무브먼트 투 솔로 스핀, 폴카 샤세 턴닝 투
라이트 QQ QaQ QaQ QaQ QaQ QaQ
12 3a4 12 3a4 3a4 1234 3a4 3a4 3a4 3a4

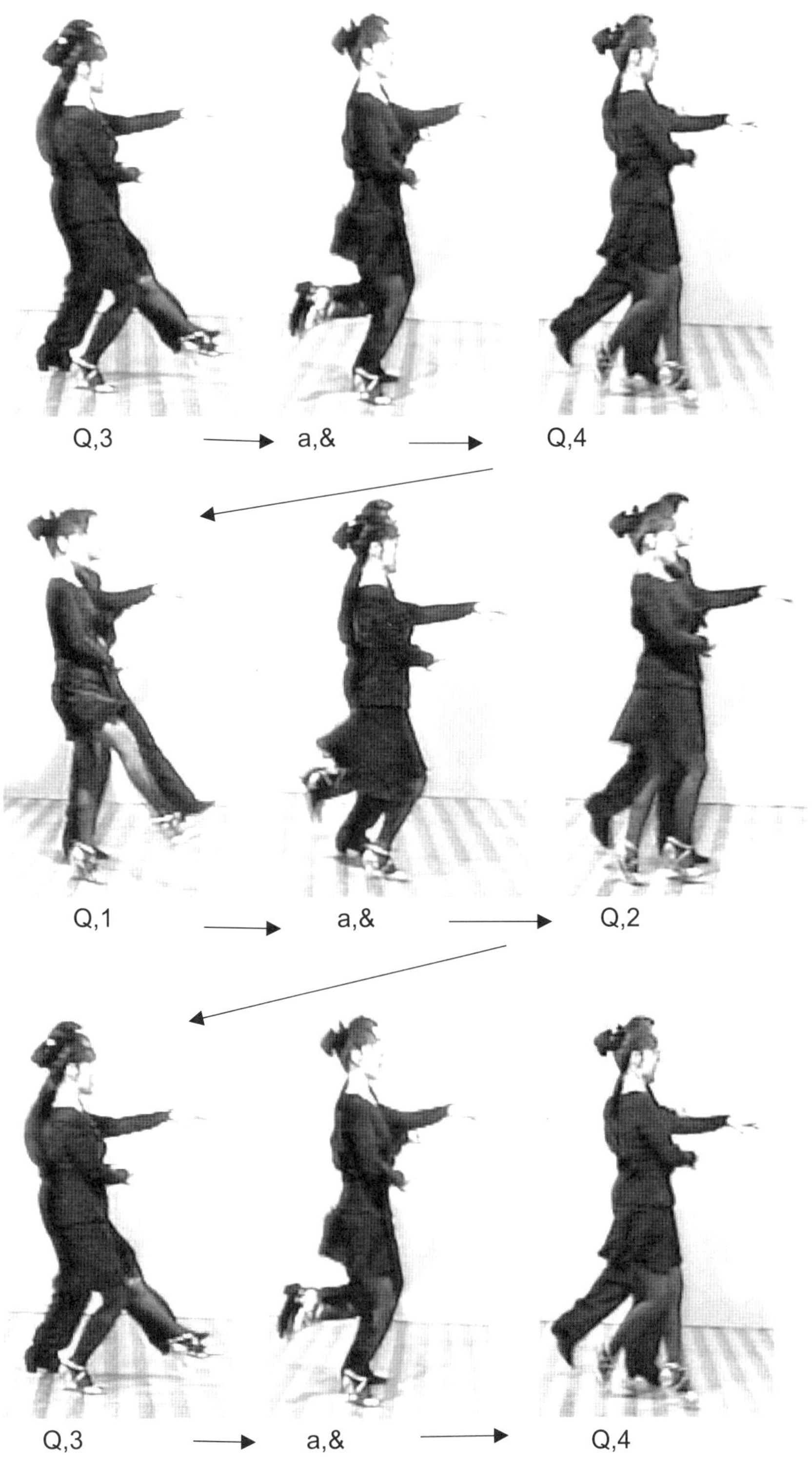

Q,3
a,&
Q,4
Q,1
a,&
Q,2
Q,3
a,&
Q,4

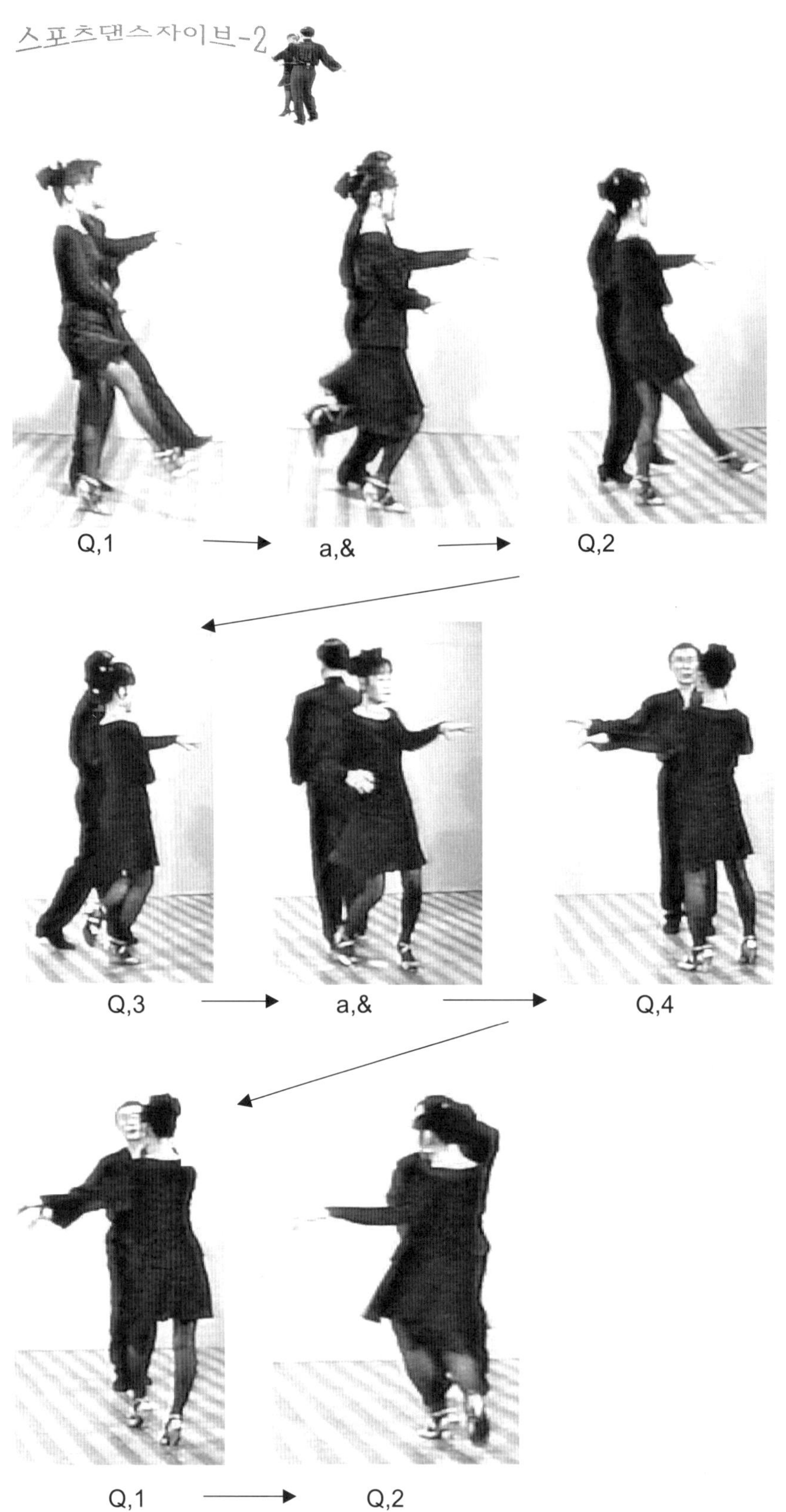

Q,3 → a,& → Q,4

Q,3 → a,& → Q,4

Q,1 → Q,2

Q,3

Q,4

Q,3  ⟶ a,&  ⟶ Q,4

Q,3
a,&
Q,4
Q,3
a,&
Q,4
Q,3
a,&
Q,4

Q,3
a,&
Q,4

61.   Change of Place L.to.R With Mans Foot Change –on same Foot ,Side-by-side Posion, Coca Rora –zigzag – Kick-Volta turn- Leg line-Chasse – Skips to facing Position-Change of Place L to R. 체인지 오브 플레이스 레프트 두 라이트 위드 맨스 후트체인지 온 세임 후트 사이드 바이 사이드 포지션 2코카로라 지그재그 –킥- 볼타턴- 렉라인- 샷- 스킵 투 페이싱 포지션- 체인지 오브 플레이스 레프트 투 라이트 1234|(여성12 3a4) 1234 1234 a1 a2 34 1a2 34 3a4 a5 a6 a7 a8(여성 스킵 오른발 1/2회전 오른쪽으로(5a)

2코카로라

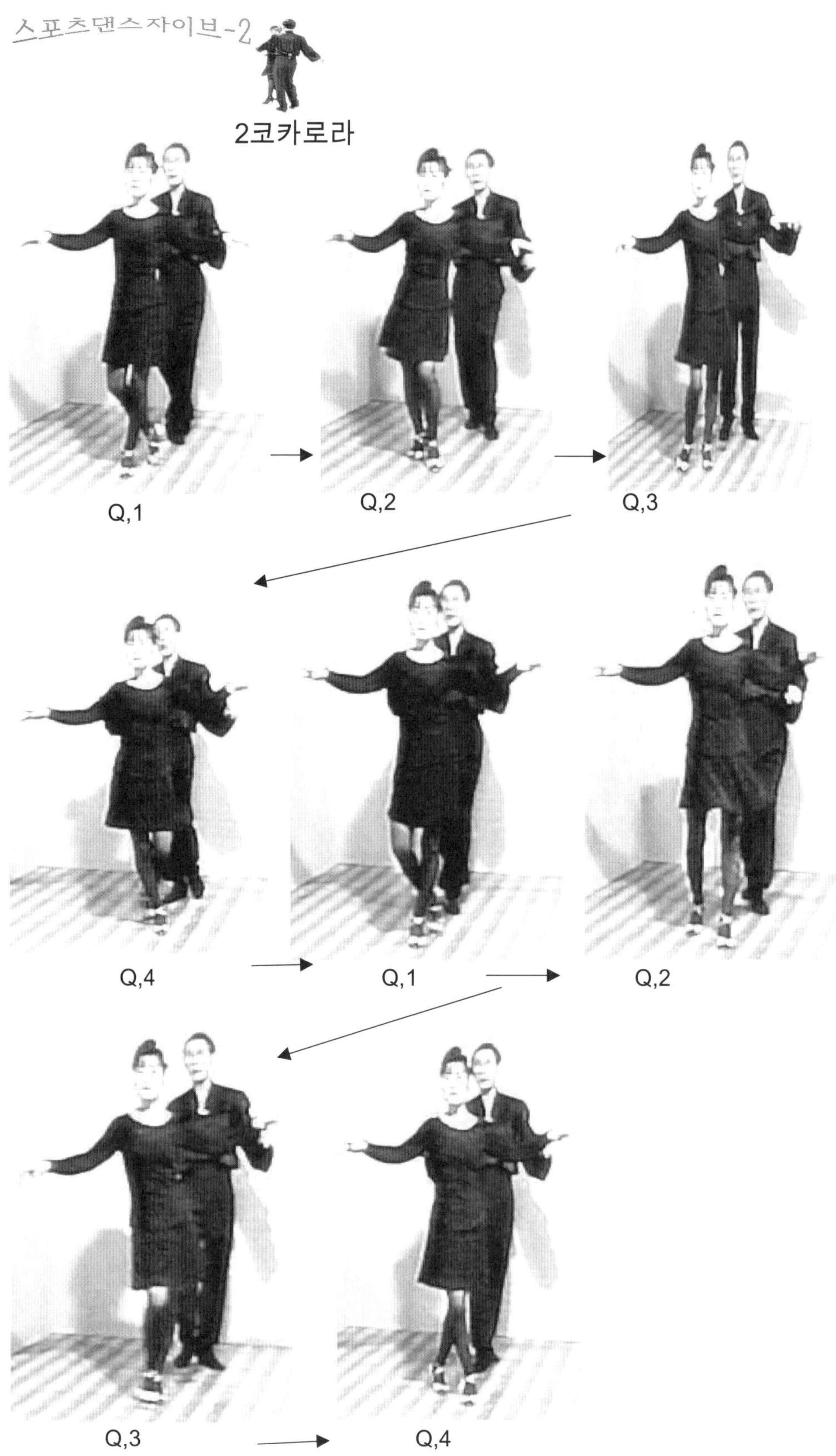

지그재그

킥 앤 볼타 턴의 연결.

Q,1
a,&
진행과정
Q,2
Q,3
Q,4

Q,3
a,&
Q,4
a,&
Q,5
a,&
Q,6
a,&
Q,7

a,& ⟶ Q,8

◉동영상은 두원출판미디어 홈페이지, 다음 카페 "두
  원출판미디어"에 들어오셔서 회원가입하시면 무료
  로 즐겁게 익히고, 감상하실 수 있습니다.
◉댄스에 대한 사항이 궁금하시면 네이버 블러그 "한
  명호의 댄스아카데미"를 방문하시면 라틴, 모던 전
  종목을 무료로 감상하실 수 있습니다.

한명호의 댄스아카데미
자이브-2

엮은이 / 한명호
펴 낸 이 / 한원석
펴 낸 곳 / 두원출판미디어
강원도 춘천시 효자3동612-2
☎ 033) 242-5612,244-5612   FAX 033) 251-5611
Cpoyright ⓒ2017 , by Dooweon Media Publishing Co.
이 책의 내용은 저작권법에 따라 보호받고 있습니다.

판권은 본사의 소유임을 알려드립니다.
등록 / 2010.02.24. 제333호
♣ 파본, 낙장본은 교환하여 드립니다.
홈페이지: www.dooweonmedia.co.kr
  :   www.internetsajoo.com
♣ E-mail :doo1616@naver.com

판권본사
소유의인

초판 1쇄 2017. 06. 30   ISBN 979-11-85895-17-8

정가 ₩ 18,000

두원출판미디어 두원출판미디어 두원출판미디어 두원출판미두원출판미두원출판미디
어디어디어 두원출판미디어 두원출판미디어 두원출판미디어 두원출판미디어 두원출
판미디어 두원출판미디어 두원출판미디어 두원출판미디어 두원출판미디어 두원출판
미디어 두원출판미디어 두원출판미디어 두원출판미디어 두원출판미디어 두원출판미
디어 두원출판미디어 두원출판미디어 두원출판미디어 두원출판미디어 두원출판미디
어 두원출두원출판미디어 두원출판미디어 두원출판미디어 두원출판미두원출판미두원
출판미디어디어디어 두원출판미디어 두원출판미디어 두원출판미디어 두원출판미디어
두원출판미디어 두원출판미디어 두원출판미디어 두원출판미디어 두원출판미디어 두
원출판미디어 두원출판미디어 두원출판미디어 두원출판미디어 두원출판미디어 두원
출판미디어 두원출판미디어 두원출판미디어 두원출판미디어 두원출판미디어 두원출
판미디어 두원출판미디어 두원출판미디어　　판미디어 두원출판미디어 두원출판미디
어 두원출판미디어 두원출판미디어 두원출판미두원출판미두원출판미디어디어디어 두
원출판미디어 두원출판미디어 두원출판미디어 두원출판미디어 두원출판미디어 두원
출판미디어 두원출판미디어 두원출판미디어 두원출판미디어 두원출판미디어 두원출
판미디어 두원출판미디어 두원출판미디어 두원출판미디어 두원출판미디어 두원출판
미디어 두원출판미디어 두원출판미디어 두원출판미디어 두원출판미디어 두원출판미
디어 두원출판미디어 두원출판미디어 두원출판미디어 두원출판미디어 두원출판미두
원출판미두원출판미디어디어디어 두원출판미디어 두원출판미디어 두원출판미디어 두
원출판미디어 두원출판미디어 두원출판미디어 두원출판미디어 두원출판미디어 두원
출판미디어 두원출판미디어 두원출판미디어 두원출판미디어 두원출판미디어 두원출
판미디어 두원출판미디어 두원출판미디어 두원출판미디어 두원출판미디어 두원출판
미디어 두원출판미디어 두원출판미디어 두원출판미디어 두원출판미디어 두원출판미
디어 두원출판미디어 두원출판미두원출판미두원출판미디어디어디어 두원출판미디어
두원출판미디어 두원출판미디어 두원출판미디어 두원출판미디어 두원출판미디어 두
원출판미디어 두원출판미디어 두원출판미디어 두원출판미디어 두원출판미디어 두원
출판미디어 두원출판미디어 두원출판미디어 두원출판미디어 두원출판미디어 두원출
판미디어 두원출판미디어 두원출판미디어 두원출판미디어 두원출두원출판미디어 두
원출판미디어 두원출판미디어 두원출판미두원출판미두원출판미디어디어디어 두원출
판미디어 두원출판미디어 두원출판미디어 두원출판미디어 두원출판미디어 두원출판
미디어 두원출판미디어 두원출판미디어 두원출판미디어 두원출판미디어 두원출판미
디어 두원출판미디어 두원출판미디어 두원출판미디어 두원출판미디어 두원출판미디
어 두원출판미디어 두원출판미디어 두원출판미디어 두원출판미디어 두원출판미디어
두원출판미디어　　판미디어 두원출판미디어 두원출판미디어 두원출판미디어 두원출
판미디어 두원출판미두원출판미두원출판미디어디어디어 두원출판미디어 두원출판미
디어 두원출판미디어 두원출판미디어 두원출판미디어 두원출판미디어 두원출판미디
어 두원출판미디어 두원출판미디어 두원출판미디어 두원출판미디어 두원출판미디어
두원출판미디어 두원출판미디어 두원출판미디어 두원출판미디어 두원출판미디어 두
원출판미디어 두원출판미디어 두원출판미디어 두원출판미디어 두원출판미디어 두원
출판미디어 두원출판미디어 두원출판미디어 두원출판미두원출판미두원출판미디어디
어디어 두원출판미디어 두원출판미디어 두원출판미디어 두원출판미디어 두원출판미
디어 두원출판미디어 두원출판미디어 두원출판미디어 두원출판미디어 두원출판미디
어 두원출판미디어 두원출판미디어 두원출판미디어 두원출판미디어 두원출판미디어
두원출판미디어 두원출판미디어 두원출판미디어 두원출판미디어 두원출판미디어 두
원출판미디어 두원출판미디어 두원출판미디어 두원출판미디어 두원출판미디어 두원

출판미두원출판미두원출판미디어디어디어 두원출판미디어 두원출판미디어 두원출판
미디어 두원출판미디어 두원출판미디어 두원출판미디어 두원출판미디어 두원출판미
디어 두원출판미디어 두원출판미디어 두원출판미디어 두원출판미디어 두원출판미디
어 두원출판미디어 두원출판미디어 두원출판미디어 두원출판미디어 두원출판미디어
두원출판미디어 두원출판미디어 두원출두원출판미디어 두원출판미디어 두원출판미디
어 두원출판미두원출판미두원출판미디어디어디어 두원출판미디어 두원출판미디어 두
원출판미디어 두원출판미디어 두원출판미디어 두원출판미디어 두원출판미디어 두원
출판미디어 두원출판미디어 두원출판미디어 두원출판미디어 두원출판미디어 두원출
판미디어 두원출판미디어 두원출판미디어 두원출판미디어 두원출판미디어 두원출판
미디어 두원출판미디어 두원출판미디어 두원출판미디어 두원출판미디어   판미디어
두원출판미디어 두원출판미디어 두원출판미디어 두원출판미디어 두원출판미두원출판
미두원출판미디어디어디어 두원출판미디어 두원출판미디어 두원출판미디어 두원출판
미디어 두원출판미디어 두원출판미디어 두원출판미디어 두원출판미디어 두원출판미
디어 두원출판미디어 두원출판미디어 두원출판미디어 두원출판미디어 두원출판미디
어 두원출판미디어 두원출판미디어 두원출판미디어 두원출판미디어 두원출판미디어
두원출판미디어 두원출판미디어 두원출판미디어 두원출판미디어 두원출판미디어 두
원출판미디어 두원출판미두원출판미두원출판미디어디어디어 두원출판미디어 두원출
판미디어 두원출판미디어 두원출판미디어 두원출판미디어 두원출판미디어 두원출판
미디어 두원출판미디어 두원출판미디어 두원출판미디어 두원출판미디어 두원출판미
디어 두원출판미디어 두원출판미디어 두원출판미디어 두원출판미디어 두원출판미디
어 두원출판미디어 두원출판미디어 두원출판미디어 두원출판미디어 두원출판미디어
두원출판미디어 두원출판미디어 두원출판미디어 두원출판미두원출판미두원출판미디
어디어디어 두원출판미디어 두원출판미디어 두원출판미디어 두원출판미디어 두원출
판미디어 두원출판미디어 두원출판미디어 두원출판미디어 두원출판미디어 두원출판
미디어 두원출판미디어 두원출판미디어 두원출판미디어 두원출판미디어 두원출판미
디어 두원출판미디어 두원출판미디어 두원출판미디어 두원출판미디어 두원출판미디
어 두원출두원출판미디어 두원출판미디어 두원출판미디어 두원출판미두원출판미두원
출판미디어디어디어 두원출판미디어 두원출판미디어 두원출판미디어 두원출판미디어
두원출판미디어 두원출판미디어 두원출판미디어 두원출판미디어 두원출판미디어 두
원출판미디어 두원출판미디어 두원출판미디어 두원출판미디어 두원출판미디어 두원
출판미디어 두원출판미디어 두원출판미디어 두원출판미디어 두원출판미디어 두원출
판미디어 두원출판미디어 두원출판미디어   판미디어 두원출판미디어 두원출판미디
어 두원출판미디어 두원출판미디어 두원출판미두원출판미두원출판미디어디어디어 두
원출판미디어 두원출판미디어 두원출판미디어 두원출판미디어 두원출판미디어 두원
출판미디어 두원출판미디어 두원출판미디어 두원출판미디어 두원출판미디어 두원출
판미디어 두원출판미디어 두원출판미디어 두원출판미디어 두원출판미디어 두원출판
미디어 두원출판미디어 두원출판미디어 두원출판미디어 두원출판미디어 두원출판미
디어 두원출판미디어 두원출판미디어 두원출판미디어 두원출판미디어 두원출판미두
원출판미두원출판미디어디어디어 두원출판미디어 두원출판미디어 두원출판미디어 두
원출판미디어 두원출판미디어 두원출판미디어 두원출판미디어 두원출판미디어 두원
출판미디어 두원출판미디어 두원출판미디어 두원출판미디어 두원출판미디어 두원출
판미디어 두원출판미디어 두원출판미디어 두원출판미디어 두원출판미디어 두원출판
미디어 두원출판미디어 두원출판미디어 두원출판미디어 두원출판미디어 두원출판미
디어 두원출판미디어 두원출판미디어 두원출판미두원출판미두원출판미디어디어디어 두원출판미디어

두원출판미디어 두원출두원출판미디어 두원출판미디어 두원출판미디어 두원출판미두원출판미두원출판미디어디어디어 두원출판미디어
두원출판미디어　　판미디어 두원출판미디어 두원출판미디어 두원출판미디어 두원출판미디어 두원출판미두원출판미두원출판미디어디어디어 두원출판미두원출판미두원출판미디어디어디어 두원출판미두원출판미두원출판미디어디어디어 두원출판미디어 두원출두원출판미디어 두원 두원출판미디어 두원출판미디어 두원출판미디어 두원출판미두원출판미두원출판미디어디어디어 두원출판미디어 두원출판미디어 두원출판미디어 두원출판미디어 두원출판미디어 두원출판미디어 두원출판미디어 두원출판미디어 두원출판미디어 두원출판미디어 두원출판미디어 두원출판미디어 두원출판미디어 두원출판미디어 두원출판미디어 두원출판미디어 두원출판미디어 두원출판미디어 두원출판미디어 두원출두원출판미디어 두원출판미디어 두원출판미디어 두원출판미두원출판미두원출판미디어디어디어 두원출판미디어 두원출판미디어 두원출판미디어 두원출판미디어 두원출판미디어 두원출판미디어 두원출판미디어 두원출판미디어 두원출판미디어 두원출판미디어 두원출판미디어 두원출판미디어 두원출판미디어 두원출판미디어 두원출판미디어 두원출판미디어 두원출판미디어
두원출판미디어　　판미디어 두원출판미디어 두원출판미디어 두원출판미디어 두원출판미디어 두원출판미두원출판미두원출판미디어디어디어 두원출판미두원출판미두원출판미디어디어디어 두원출판미디어 두원출판미디어 두원출판미디어 두원출판미디어 두원출판

미디어 두원출판미디어 두원출판미디어 두원출판미디어 두원출판미디어 두원출판미
디어 두원출판미디어 두원출판미디어 두원출판미디어 두원출판미디어 두원출판미디
어 두원출판미디어 두원출판미디어 두원출판미디어 두원출판미디어 두원출판미디어
두원출판미디어 두원출판미디어 두원출판미디어 두원출판미디어 두원출판미디어 두
원출판미두원출판미두원출판미디어디어디어 두원출판미디어 두원출판미디어 두원출
판미디어 두원출판미디어 두원출판미디어 두원출판미디어 두원출판미디어 두원출판
미디어 두원출판미디어 두원출판미디어 두원출판미디어 두원출판미디어 두원출판미
디어 두원출판미디어 두원출판미디어 두원출판미디어 두원출판미디어 두원출판미디
어 두원출판미디어 두원출판미디어 두원출판두원출판미디어 두원출판미디어 두원출판
미디어 두원출판미두원출판미두원출판미디어디어디어 두원출판미디어 두원출판미디
어 두원출판미디어 두원출판미디어 두원출판미디어 두원출판미디어 두원출판미디어
두원출판미디어 두원출판미디어 두원출판미디어 두원출판미디어 두원출판미디어 두
원출판미디어 두원출판미디어 두원출판미디어 두원출판미디어 두원출판미디어 두원
출판미디어 두원출판미디어 두원출판미디어 두원출판미디어 두원출판미디어　　판미
디어 두원출판미디어 두원출판미디어 두원출판미디어 두원출판미디어 두원출판미두
원출판미두원출판미디어디어디어 두원출판미디어 두원출판미디어 두원출판미디어 두
원출판미디어 두원출판미디어 두원출판미디어 두원출판미디어 두원출판미디어 두원
출판미디어 두원출판미디어 두원출판미디어 두원출판미디어 두원출판미디어 두원출
판미디어 두원출판미디어 두원출판미디어 두원출판미디어 두원출판미디어 두원출판
미디어 두원출판미디어 두원출판미디어 두원출판미디어 두원출판미디어 두원출판미
디어 두원출판미디어 두원출판미두원출판미두원출판미디어디어디어 두원출판미디어
두원출판미디어 두원출판미디어 두원출판미디어 두원출판미디어 두원출판미디어 두
원출판미디어 두원출판미디어 두원출판미디어 두원출판미디어 두원출판미디어 두원
출판미디어 두원출판미디어 두원출판미디어 두원출판미디어 두원출판미디어 두원출
판미디어 두원출판미디어 두원출판미디어 두원출판미디어 두원출판미디어 두원출판
미디어 두원출판미디어 두원출판미디어 두원출판미디어 두원출판미두원출판미두원출
판미디어디어디어 두원출판미디어 두원출판미디어 두원출판미디어 두원출판미디어
두원출판미디어 두원출판미디어 두원출판미디어 두원출판미디어 두원출판미디어 두
원출판미디어 두원출판미디어 두원출판미디어 두원출판미디어 두원출판미디어 두원
출판미디어 두원출판미디어 두원출판미디어 두원출판미디어 두원출판미디어 두원출
판미디어 두원출두원출판미디어 두원 두원출판미디어 두원출판미디어 두원출판미디
어 두원출판미두원출판미두원출판미디어디어디어 두원출판미디어 두원출판미디어 두
원출판미디어 두원출판미디어 두원출판미디어 두원출판미디어 두원출판미디어 두원
출판미디어 두원출판미디어 두원출판미디어 두원출판미디어 두원출판미디어 두원출
판미디어 두원출판미디어 두원출판미디어 두원출판미디어 두원출판미디어 두원출판
미디어 두원출판미디어 두원출판미디어 두원출두원출판미디어 두원출판미디어 두원
출판미디어 두원출판미두원출판미두원출판미디어디어디어 두원출판미디어 두원출판
미디어 두원출판미디어 두원출판미디어 두원출판미디어 두원출판미디어 두원출판미
디어 두원출판미디어 두원출판미디어 두원출판미디어 두원출판미디어 두원출판미디
어 두원출판미디어 두원출판미디어 두원출판미디어 두원출판미디어 두원출판미디어
두원출판미디어 두원출판미디어 두원출판미디어 두원출판미디어 두원출판미디어
판미디어 두원출판미디어 두원출판미디어 두원출판미디어 두원출판미디어 두원출판
미두원출판미두원출판미디어디어디어 두원출판미디어 두원출판미디어 두원출판미디
어 두원출판미디어 두원출판미디어 두원출판미디어 두원출판미디어 두원출판미디어

두원출판미디어 두원출판미디어 두원출판미디어 두원출판미디어 두원출판미디어 두원출판미디어 두원출판미디어 두원출판미디어 두원출판미디어 두원출판미디어 두원출판미디어 두원출판미디어 두원출판미디어 두원출판미디어 두원출판미디어 두원출판미디어 두원출판미디어 두원출판미두원출판미두원출판미디어디어디어 두원출판미두원출판미두원출판미디어디어디어 두원출판미디어 두원출판두원출판미디어 두원출판미디어 두원출판미디어 두원출판미디어 두원출판미두원출판미두원출판미디어디어디어 두원출판미디어 두원출판미디어 두원출판미디어 두원출판미디어 두원출판미디어 두원출판미디어 두원출판미디어 두원출판미디어 두원출판미디어 두원출판미디어 두원출판미디어 두원출판미디어 두원출판미디어 두원출판미디어 두원출판미디어 두원출판미디어 두원출판미디어 두원출판미디어   판미디어 두원출판미디어 두원출판미디어 두원출판미디어 두원출판미디어 두원출판미두원출판미두원출판미디어디어디어 두원출판미두원출판미두원출판미디어디어디어 두원출판미디어 두원출판미디어 두원출판미디어 두원출판미디어 두원출판미디어 두원출판미디어 두원출판미디어 두원출판미디어 두원출판미디어 두원출판미디어 두원출판미디어 두원출판미디어 두원출판미디어 두원출판미디어 두원출판미디어 두원출판미디어 두원출판미디어 두원출판미디어 두원출두원출판미디어 두원두원출판미디어 두원출판미디어 두원출판미디어 두원출판미두원출판미두원출판미디어디어디어 두원출판미디어 두원출두원출판미디어 두원출판미디어 두원출판미디어 두원출판미두원출판미두원출판미두원출판미디어디어디어 두원출판미디어 두원출판미디어 두원출판미디어 두원출판미디어 두원출판미디어 두원출판미디어 두원출판미디어 두원출판미디어 두원출판미디어 두원출판미디어 두원출판미

두원출판미디어 두원출판미디어 두원출판미디어 두원출판미디어 두원출판미디어 두원출판미디어 두원출판미디어 두원출판미디어 두원출판미디어 두원출판미디어 두원출판미디어 두원출판미디어 두원출판미디어 두원출판미디어 두원출판미디어 두원출판미디어 두원출판미디어 두원출판미디어 두원출판미두원출판미두원출판미디어디어디어 두원출판미두원출판미두원출판미디어디어디어 두원출판미디어 두원출두원출판미디어 두원출판미디어 두원출판미디어 두원출판미두원출판미두원출판미디어디어디어 두원출판미디어   판미디어 두원출판미디어 두원출판미디어 두원출판미디어 두원출판미디어 두원출판미두원출판미두원출판미디어디어디어 두원출판미두원출판미두원출판미디어디어디어 두원출판미디어 두원출두원출판미디어 두원두원출판미디어 두원출판미디어 두원출판미디어 두원출판미두원출판미두원출판미디어디어디어 두원출판미두원출판미두원출판미디어디어디어 두원출판미디어 두원출판미디어 두원출판미디어 두원출판미디어 두원출판미디어 두원출판미디어 두원출판미디어 두원출판미디어 두원출판미디어 두원출판미디어 두원출판미디어 두원출판미디어 두원출판미디어 두원출판미

두원출판미디어 두원출판미디어 두원출판미디어 두원출판미디어 두원출판미디어 두원출판미디어 두원출판미디어 두원출판미디어 두원출판미디어 두원출판미디어 두원출판미디어 두원출판미디어 두원출판미디어 두원출판미디어 두원출판미디어 두원출판미디어 두원출판미두원출판미두원출판미디어디어디어 두원출판미두원출판미두원출판미디어디어디어 두원출판미디어 두원출판미디어 두원출판미디어 두원출판미디어 두원출판미디어 두원출판미디어 두원출판미디어 두원출판미디어 두원출판미디어 두원출판미디어 두원출판미디어 두원출판미디어 두원출판미디어 두원출판미디어 두원출판미디어 두원출판미디어 두원출판두원출판미디어 두원출판미디어 두원출판미디어 두원출판미두원출판미두원출판미디어디어디어 두원출판미디어   판미디어 두원출판미디어 두원출판미디어 두원출판미디어 두원출판미디어 두원출판미두원출판미두원출판미디어디어디어 두원출판미두원출판미두원출판미디어디어디어 두원출판미디어 두원출판미디어 두원출판미디어 두원출판미디어 두원출판미디어 두원출판미디어 두원출판미디어 두원출판미디어 두원출판미디어 두원출판미디어 두원출판미디어 두원출판미디어 두원출판미디어 두원출판미디어 두원출판미디어 두원출판미디어 두원출판미디어 두원출판두원출판미디어 두원두원출판미디어 두원출판미디어 두원출판미디어 두원출판미두원출판미두원출판미디어디어디어 두원출판미디어 두원출두원출판미디어 두원출판미디어 두원출판미디어 두원출판미두원출판미두원출판미디어디어디어 두원출판미디어 두원출판미디어 두원출판미디어 두원출판미디어 두원출판미디어 두원출판미디어 두원출판미디어 두원출판미디어 두원출판미디어 두원출판미디어 두원출판미